André-Carl Vachon

Histoire de l'Acadie

de la fondation aux déportations

Tome 1
1603-1710

La Grande Marée

L'éditeur désire remercier la Direction des arts du Nouveau-Brunswick pour l'aide financière à la publication de cet ouvrage.

Il reconnaît également, pour ses activités d'édition, la contribution financière du gouvernement du Canada par l'entremise du Fonds du livre canadien (FLC).

Révision : Maurice Basque, historien

Révision linguistique : Dominique Girard,
    Agence littéraire Trait d'union

Couverture : Guy Vaillancourt
    (d'après un concept de André-Carl Vachon)

Mise en page : Guy Vaillancourt
    (adaptation de *Histoire des Acadiens et des Acadiennes du Nouveau-Brunswick* par Réjean Roy)

Sur la couverture :

Pétroglyphes, parc national et lieu historique national Kejimkujik, Parcs Canada.

Plan tres exact du terrain ou sont sçituees les maisons du Port Royal et ou lon peut faire une Ville considerable (détail), par Jean Baptiste Louis Franquelin (1653-ca 1735), 1686 (Bibliothèque et Archives Canada, MIKAN nº 4125739).

2ᵉ édition

ISBN 978-2-349-72376-5

© Éditions La Grande Marée ltée, 2018, 2019
    C.P. 3126, succ. Bureau Principal
    Tracadie, Nouveau-Brunswick
    E1X 1G5 Canada

Téléphone : 1 506 395-9436
Courriel : jouellet@nbnet.nb.ca
Site Web : lagrandemaree.ca

Dépôt légal : 3ᵉ trimestre, 2018 BAC BAnQ, CÉAAC

Remerciements

Je remercie ceux qui m'ont soutenu et aidé durant l'écriture de cet essai !

Merci spécialement à Dominic Peltier-Rivest, à Stephen A. White, généalogiste et à François LeBlanc, technicien en documentation du Centre d'études acadiennes Anselme-Chiasson, ainsi qu'à Maurice Basque, historien et conseiller scientifique à l'Institut d'études acadiennes de l'Université de Moncton.

Merci également à Rosalie Vallée et à sa mère Geneviève Dufort (une amie d'enfance) qui ont lu et commenté mon manuscrit.

André-Carl Vachon

Table des matières

Chapitre 1
À la rencontre des Mi'kmaq 12

- Les pêcheurs basques....... 15
- Qui sont-ils ?..................... 16
- La gouvernance................ 17
- L'accueil des Français....... 17
- Les alliances 19
- La chasse et la pêche 21
- L'eau d'érable 22
- Les vêtements................... 23
- Us et coutumes................. 24
  - L'hospitalité et le partage... 24
  - Un peuple semi-nomade et festif................................. 24
  - Les personnes âgées 25
  - Les nouveau-nés 25
  - La première chasse réussie 26
  - Le mariage chez les Mi'kmaq 26
  - Les rites funéraires............. 27
  - Évangélisation des Mi'kmaq....................... 28
- Le drapeau national......... 30

Chapitre 2

Au temps de la fondation et de la colonisation de l'Acadie (1604-1654) 32

- La fondation de l'Acadie (1604-1607) 35
- Une deuxième tentative de colonisation (1610-1631) 39
- La colonie prend racine (1632-1654) 43
- Le projet de Port-Royal ... 46
- Rivalité territoriale de l'Acadie 47
- Les premières familles acadiennes 49
- La mort du gouverneur de l'Acadie 51
- Le nouveau gouverneur de l'Acadie 53
- Les Anglais s'emparent de l'Acadie 54
- Liste des gouverneurs et administrateurs de l'Acadie 57
- Les dates à retenir 59

Chapitre 3

Le développement et les bouleversements de l'Acadie (1654-1710) 60

- La deuxième période anglaise 62
- Un nouveau gouverneur français pour l'Acadie...... 65
- L'Acadie redevient une colonie française........ 66

- La prise de possession de l'Acadie 67
- Le recensement de la population en Acadie ... 68
- Des changements administratifs en Acadie ... 70
- L'Acadie se développe tranquillement 71
- Une nouvelle attaque 72
- L'Acadie a un nouveau gouverneur 73
- De nouveaux développements 74
- De la grande visite en Acadie 75
- Description d'une partie de l'Acadie 78
  - À Beaubassin 78
  - À Grand-Pré 79
  - À Port-Royal 80
- De nouveaux développements en Acadie 81
- L'Acadie est attaquée par Phips 85
- La capitulation de Meneval 86
- Le serment d'allégeance anglaise de 1690 87
- L'arrivée de Robinau de Villebon 88
- L'Acadie sous la gouvernance anglaise et française 89
- Le serment d'allégeance française de 1692 90
- Le serment d'allégeance anglaise de 1695 91
- Church attaque l'Acadie ... 92
- Le traité de Ryswick 94
- L'Acadie poursuit son développement 94

- Le rétablissement du système seigneurial 96
- La visite du sieur Diéreville 97
  - Description de la région de Port-Royal et de celle des Mines (Grand-Pré) 97
  - Description de l'agriculture en Acadie 98
  - Description de l'alimentation des Acadiens 99
- Le nouveau gouverneur et la création de la milice acadienne 101
- La guerre de Succession d'Espagne 103
- La revanche de Church en 1704 106
- Une période de paix 108
- La première attaque de 1707 109
- La deuxième attaque de 1707 110
- L'Acadie est-elle abandonnée ? 112
- L'ultime bataille 113
- La capitulation de l'Acadie de 1710 114
- Les dates à retenir 116
- Liste des gouverneurs et administrateurs de l'Acadie 118

Conclusion 119
Annotations 120
Glossaire 143
Bibliographie 147
Index des noms propres 169

Préface

C'est par une belle journée ensoleillée dans le cadre du Congrès mondial acadien 2014 que j'ai fait la connaissance d'André-Carl Vachon. Nous étions présents lors du lancement de *L'Acadie. Hier et aujourd'hui,* un recueil d'articles rédigés par 55 auteurs d'Amérique du Nord et d'Europe et publié par les Éditions La Grande Marée et Andrepont Publishing LCC. André-Carl y signait l'article « Les migrations des Acadiens au Québec, de 1755 à aujourd'hui ».

Ce premier contact fut facile et naturel ; je dirais presque familial puisque ce qui nous unissait, lui et moi, c'était notre amour pour l'histoire de la grande famille acadienne. Dans les yeux d'André-Carl, il y avait une telle fébrilité, une telle passion pour l'Acadie que nous avons longuement échangé et nous nous sommes promis de garder contact.

Depuis cette première rencontre, nous nous sommes retrouvés à quelques occasions, chaque fois avec un plaisir renouvelé. L'historien passionné s'est mué en historien-auteur dont la bibliographie est déjà impressionnante : *Les déportations des Acadiens et leur arrivée au Québec* (2014), *Les Acadiens déportés qui acceptèrent l'offre de Murray* (2016), *Une petite Cadie en Martinique* (2016) et enfin l'*Histoire de l'Acadie de la fondation aux déportations,* tome 1 *1604-1710* et tome 2 *1710-1763* (2018), entre autres, tous publiés chez La Grande Marée.

Lorsqu'on sait qu'en Nouvelle-Écosse, une politique interdit l'éducation en français en 1864 et que cette politique demeure en vigueur pour plus de 40 ans, que les manuels scolaires employés dans les années 1960 et 1970 ne font aucune mention de la présence des Acadiens et encore moins de leurs trois cents ans d'existence, qu'il faudra attendre jusqu'en 1981 pour la création d'écoles élémentaires acadiennes et une décision de la Cour suprême du Canada en 2003 pour que les Acadiens puissent enfin jouir d'une éducation de la maternelle à la douzième année dans des écoles homogènes, on comprend à quel point il est important de se réapproprier notre histoire, celle d'un peuple résilient, d'un peuple fier, qui a contribué et contribue encore aujourd'hui à l'édification de notre pays, de notre monde, contre vents et marées.

L'œuvre d'André-Carl permet justement cette réappropriation de l'histoire acadienne. Par le biais de ses recherches, de sa vulgarisation scientifique, de la diversité des sujets explorés, André-Carl lève petit à petit des pans importants de notre histoire pour la rendre accessible à un vaste public, débordant largement des cercles universitaires.

Avec l'*Histoire de l'Acadie de la fondation aux déportations*, André-Carl nous présente un condensé de notre histoire jusqu'en 1763, année qui marque la fin des déportations. On en apprend davantage sur le peuple Mi'kmaq et leurs relations avec les Français puis les Acadiens, on y voit naître l'Acadie, on l'observe grandir et se développer, sous le régime français comme sous le régime anglais, et on revit les déportations successives qui laisseront l'Acadie des origines en lambeaux, mais qui permettront, ultimement, de faire renaître de nouvelles Acadie un peu partout sur la planète.

Ce qui fait l'intérêt de cette récente publication – qui ne sera pas la dernière puisqu'avec André-Carl, il y a toujours un livre en chantier – c'est cette invitation à explorer davantage l'histoire de l'Acadie par le biais d'encadrés intitulés *Passe à l'action* et *Vers d'autres découvertes* ou encore *les Savais-tu que…* qui viennent donner çà et là quelques bribes d'information additionnelle pour titiller le lecteur et l'inciter à pousser plus loin sa recherche.

Au bout du compte, André-Carl nous tend un piège puisqu'il donne l'envie non seulement de nous plonger dans la lecture de ce livre, mais également de nous transformer en chercheur pour connaître davantage notre histoire et une partie de l'histoire de notre pays. Il s'agit donc d'un ouvrage profondément historique et pédagogique, à la portée de tous, et qui constitue une autre brique dans cette reconstruction de notre identité.

Merci, André-Carl, de partager ta passion de notre histoire et, surtout, merci de m'avoir accordé l'immense privilège de signer cette préface.

Marie-Claude Rioux
Directrice générale
Fédération acadienne
de la Nouvelle-Écosse

Introduction

L'*Histoire de l'Acadie de la fondation aux déportations*, c'est un récit chronologique de l'Acadie, mais également une synthèse de l'histoire acadienne présentée en deux tomes couvrant de 1604 à 1710 dans le premier et 1710 à 1763 dans le second. L'*Histoire de l'Acadie de la fondation aux déportations* a été élaborée à partir de la consultation de plusieurs travaux et ouvrages de référence sur l'histoire de l'Acadie, mais également des biographies de plusieurs personnes qui ont façonné le destin de l'Acadie. Dans ce premier tome, nous vous proposons un survol des événements marquants de la fondation à la capitulation de 1710. L'*Histoire de l'Acadie de la fondation aux déportations* propose aussi aux lecteurs plusieurs rubriques suscitant la réflexion. Les rubriques *Savais-tu que...* favorisent la compréhension du contexte historique. Les rubriques *Passe à l'action*, *Vers d'autres découvertes* et *Terminologie* amènent les lecteurs à approfondir leurs connaissances sur le sujet et des thématiques connexes. Les *Point de vue* permettent aux lecteurs de réfléchir sur des événements spécifiques de l'histoire acadienne. Cette dernière a été séparée en cinq périodes, dont trois sont couvertes dans ce premier tome. En premier lieu, vous irez à la rencontre des Mi'kmaq. Le deuxième chapitre vous fera découvrir l'époque de la fondation et de la colonisation de l'Acadie, soit de 1604 à 1654. Finalement, vous voyagerez dans le tumulte du développement et des bouleversements de l'Acadie entre 1654 et 1710.

N.B. : Tout au long de votre lecture, vous trouverez des mots en ***gras et en italique*** qui vous réfèrent à une courte définition au glossaire.

Histoire de l'Acadie de la fondation aux déportations

Chapitre 1

À la rencontre des Mi'kmaq

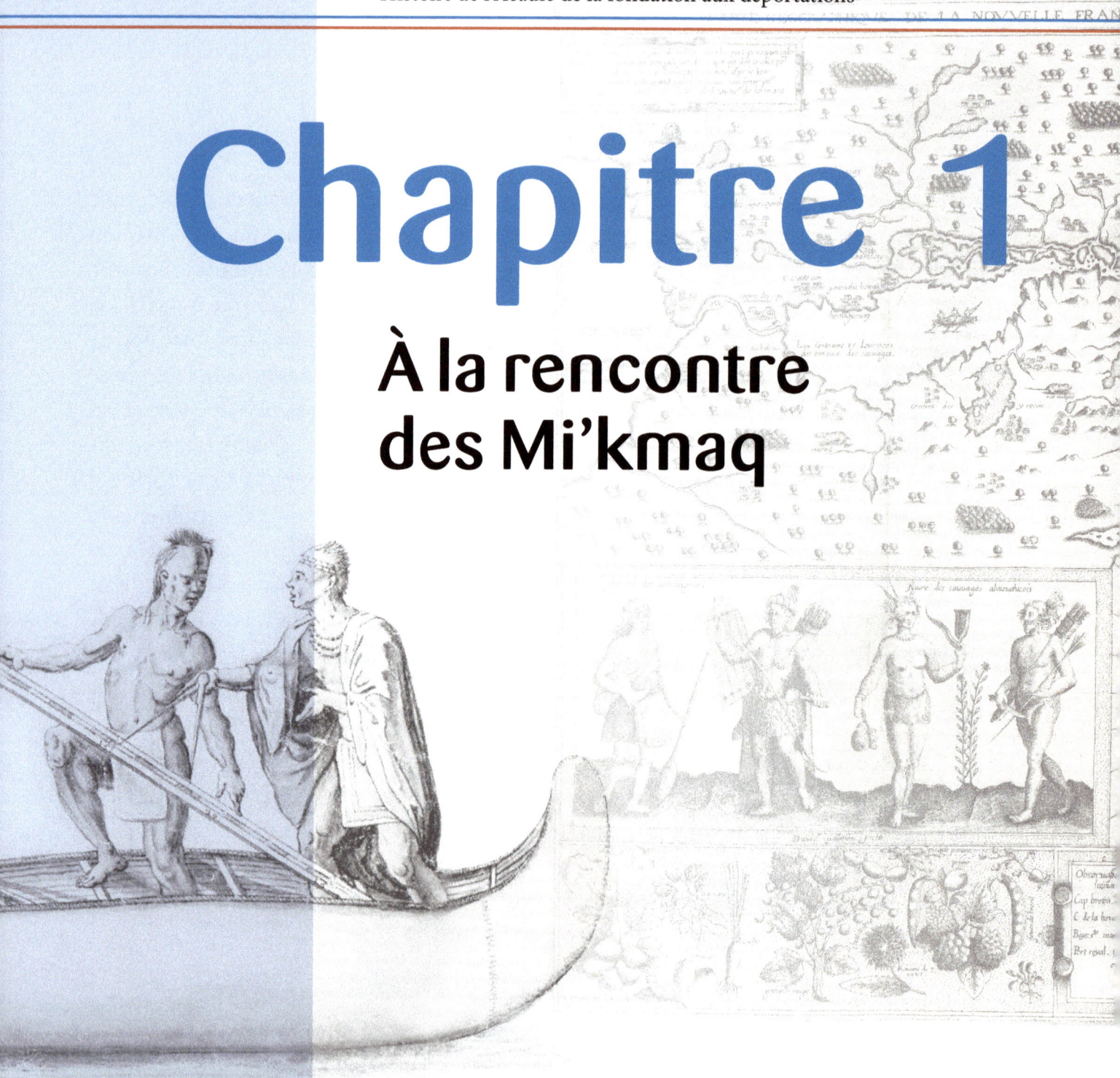

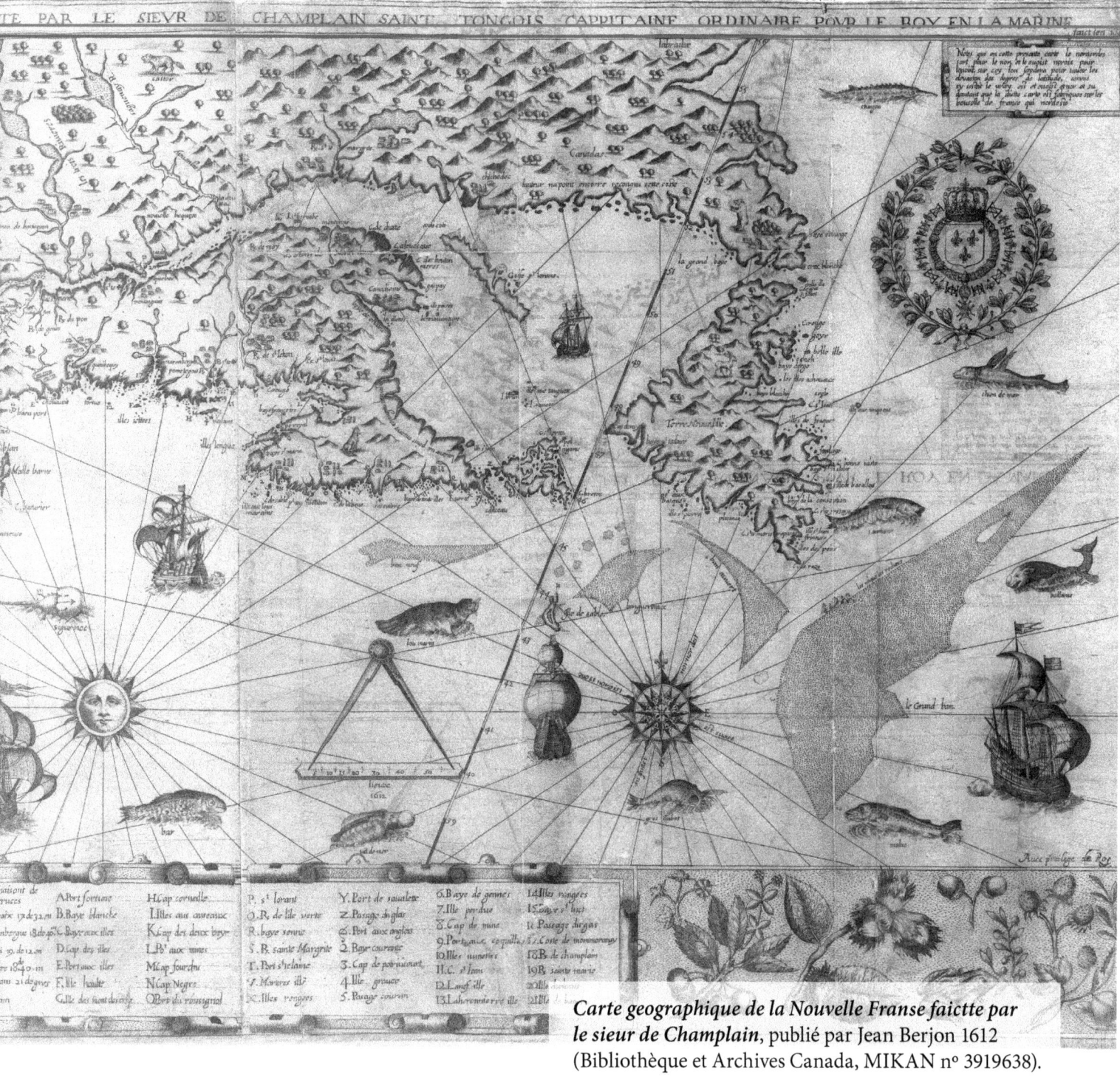

Carte geographique de la Nouvelle Franse faictte par le sieur de Champlain, publié par Jean Berjon 1612 (Bibliothèque et Archives Canada, MIKAN nº 3919638).

SAVAIS-TU QUE...

C'est en chassant les baleines que les pêcheurs basques se sont trouvés sur les côtes de l'Amérique du Nord ?

Avec la graisse de baleine, on fabriquait de l'huile qui était utilisée pour alimenter les lampes[1]. De plus, ils pêchaient la morue près de Terre-Neuve. Autrefois, chez les catholiques pratiquants, personne ne mangeait de viande les vendredis. Pourquoi ? Pour se souvenir que Jésus avait souffert et était mort un vendredi. De plus, à l'époque, on sacrifiait un animal lors d'une célébration ou lors d'une fête ; la viande était donc associée aux événements festifs. C'est ce qui explique que les vendredis, les catholiques devaient manger du poisson. Au total, il y a 150 jours (incluant les vendredis) dans une année où les catholiques ne peuvent pas manger de viande[2].

L'histoire de l'Acadie remonte à plus de 400 ans lorsque les Français s'installent pour la première fois à l'île Sainte-Croix (Dochet Island, Maine), au sud-ouest du Nouveau-Brunswick, en 1604. Cette île se trouve sur le territoire des Passamaquoddy, une des Premières Nations du Maine. L'année suivante, les Français déplacent la jeune colonie au sud-ouest de la Nouvelle-Écosse, où ils fondent Port-Royal. Cette fois-ci, les Français construisent un fort sur le territoire d'une des *Premières Nations* du Canada, les *Mi'kmaq*. Ce sont davantage avec eux que les Français vont tisser des liens. Que sait-on d'eux ? Quelles sont leurs coutumes au 17e siècle ? C'est ce que propose ce chapitre. Dans les pages qui suivent, vous êtes invités à découvrir une parcelle de l'histoire et de la culture mi'kmaq.

> ### TERMINOLOGIE
>
> *Mi'kmaq* : Dans ce livre, nous utilisons l'orthographe Smith-Francis. Selon cette orthographe, Mi'kmaq ne prend pas de « s » puisque c'est un mot pluriel. Les titres d'œuvres et les citations dans ce livre n'ont pas été corrigés. « Mi'kmaq désigne l'ensemble du peuple, alors que Mi'kmaw désigne une seule personne. » Autrefois, les termes *micmac* ou *micmaque* étaient utilisés. Il est aussi possible de lire le *mot mi'gmaq*. Le mot « mi'kmaq » provient d'un mot plus ancien, « ni'kmaq ». Il représente les liens entre eux, comme la famille, plutôt que d'identifier la nation[3].

Les pêcheurs basques

Lors de l'arrivée des Français, les Mi'kmaq n'en sont pas à leur premier contact avec les Européens. Lorsqu'ils rencontrent les Français, qui s'établissent en Acadie, ils avaient déjà rencontré des pêcheurs basques.

> *Les femmes mi'kmaqs fabriquèrent et portèrent ces **coiffes** en pointe uniques tout au long des 18e et 19e siècles. Celles-ci étaient traditionnellement remises aux jeunes filles lorsqu'elles devenaient adultes. Bien que leur origine soit incertaine, elles datent possiblement d'avant l'arrivée des Européens, mais il se peut aussi qu'elles aient été inspirées des coiffes de femmes de la fin du 15e siècle offertes aux Mi'kmaqs par les marchands basques ou français[4].*

Les Basques seraient arrivés en Amérique du Nord au début des années 1500. Les échanges commerciaux entre les deux peuples laissent leurs traces chez les Mi'kmaq, notamment dans le vocabulaire et les vêtements[5].

> *Jacques Cartier et les Français ne sont pas les premiers êtres humains à avoir mis les pieds ici, les Autochtones d'ici avaient colonisé le territoire bien avant eux. Au début du 16e siècle, les Européens, les Basques entre autres, débarquaient sur l'île de la Grande Tortue (le continent). Les Basques ont donc eu des contacts importants avec des peuples autochtones, notamment avec les Mi'kmaqs, les Be'othuks, les Wolastoqiyik et les Innus*[6].

Indienne Micmac de Nouvelle-Écosse par Mary R. McKie, vers 1840-1846 (Bibliothèque et Archives Canada, MIKAN no 2836922).

VERS D'AUTRES DÉCOUVERTES

Fais une recherche sur Internet pour découvrir d'autres chapeaux qui sont associés à d'autres cultures.

Les premiers Français, qui rencontrent les Mi'kmaq, les nomment les « Sauvages de la nation Souriquois », puisqu'ils ne connaissent pas leur langage. Les Européens de l'époque les qualifient de « sauvages » puisqu'ils leur semblent non civilisés (pour ne pas dire non-Européens) et surtout parce qu'ils ne connaissent pas le christianisme. Il ne faut pas oublier le vieil *adage* : *hors de l'Église, point de salut !* Il est donc primordial pour les bons catholiques de convertir ces pauvres gens qui ne connaissent pas le Dieu de Jésus !

Qui sont-ils ?

Pour commencer, il faut savoir que le mot Mi'kmaq signifie « allié » ou « mes frères amis ». Les Mi'kmaq font partie de la *famille linguistique* algonquine. Ils habitent le territoire du nom de Mi'kma'ki, qui comprend les provinces maritimes du Canada ainsi qu'une partie de la Gaspésie, au Québec. Leurs ancêtres proviennent de l'Asie, qu'ils auraient quittée, il y a près de 50 000 ans. Fuyant une sécheresse, leurs ancêtres auraient suivi la migration des animaux et traversé, à pied sec, le détroit de Béring[8]. Ils seraient arrivés en Mi'kma'ki, il y a environ 13 000 ans ou 11 000 ans. Les Mi'kmaq qui vivent à l'époque de la fondation de l'Acadie sont semi-nomades et vivent de chasse et de pêche, ainsi que de la cueillette de fruits.

SAVAIS-TU QUE...

Le nom Souriquois provenait de la langue basque ?

Selon les chercheurs, il y aurait deux significations.

La première : « Celui de Souris » ferait référence à la rivière Souris, à l'Île-du-Prince-Édouard, à l'est du comté de Kings.

La deuxième : « Celui du Blanc » ou *zurikoa* en basque qui ferait référence aux Européens qui faisaient du commerce avec les Amérindiens[7].

SAVAIS-TU QUE...

Au 17e siècle, les Français avaient surnommé les Mi'kmaq de la baie des Chaleurs du nom de Gaspésiens ?

Sais-tu pourquoi ?

La gouvernance

À l'époque, les Mi'kmaq font partie de la *Confédération* Wabanaki. Par ce fait, ils sont alliés aux Malécites, aux Passamaquoddys, aux Penobscots ainsi qu'aux Abénaquis, qui occupent le territoire des Adirondacks et des Appalaches. Les Mi'kmaq vivent selon une structure hiérarchique. En effet, le territoire Mi'kma'ki est dirigé par le grand Conseil, présidé par le Grand *Saqamaw*. Le grand Conseil, composé de sept personnes, est représenté par un Saqamaw de chacun des sept districts de chasse et de pêche. Généralement, le Saqamaw, c'est le fils aîné d'un groupe familial puissant.

> **PASSE À L'ACTION**
>
> Trouve sur une mappemonde le Pays basque.
>
> Cherche également la rivière Souris, à l'Île-du-Prince-Édouard.

L'accueil des Français

C'est Membertou, le Grand Saqamaw, qui accueille les Français lors des premières tentatives d'établissement sur le territoire Mi'kma'ki, c'est-à-dire en Acadie. Lorsque Jean de Biencourt de Poutrincourt décide de retourner en France en 1607, pour aller chercher du financement et des recrues pour le développement de l'Acadie, il aurait confié à Membertou la garde de Port-Royal. De retour vers le 17 juin 1610, il s'étonne de constater que rien n'a changé à Port-Royal! Dès leur arrivée, l'abbé Jessé Fléché entreprend ses démarches de christianisation des Mi'kmaq. Les premières *conversions* ont lieu le 24 juin. L'abbé Fléché baptise

Membertou en premier et lui donne le prénom Henri, en l'honneur du roi de France. Quant à son épouse, elle reçoit le prénom de Marie en l'honneur de la reine. Leur fils aîné reçoit le prénom de Louis, le futur roi de France. En tout, l'abbé Fléché baptise tous les membres du clan de Membertou, soit 21 personnes.

> **VERS D'AUTRES DÉCOUVERTES**
>
> Fais une recherche sur Internet pour trouver où sont les communautés mi'kmaq et malécites aujourd'hui.

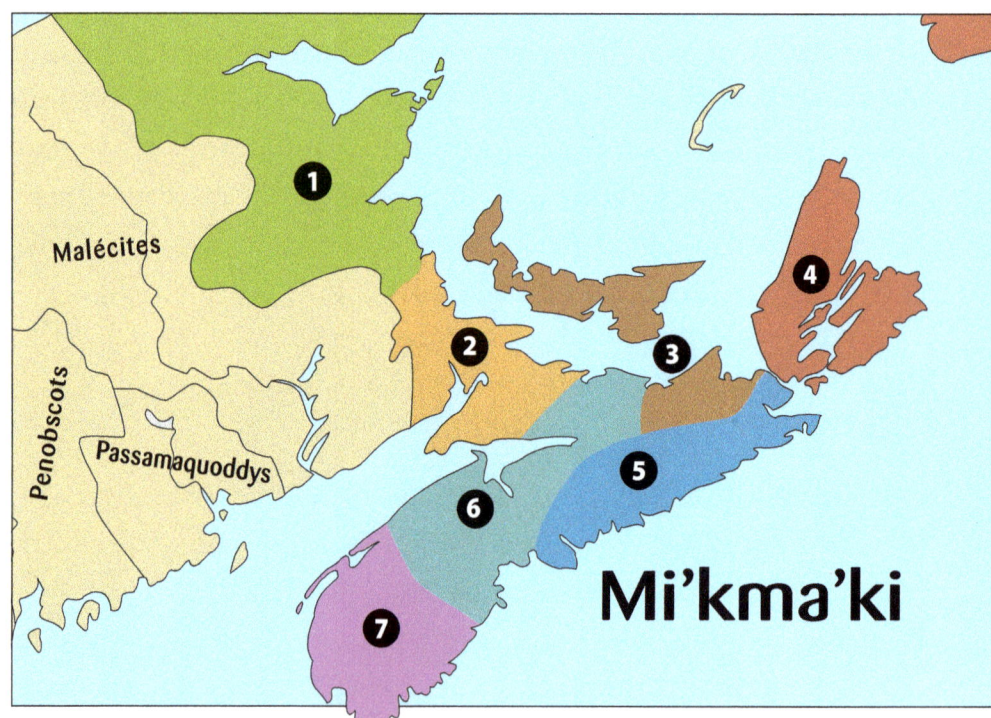

Le territoire Mi'kma'ki est divisé en sept districts de chasse et de pêche :

1. **Kespek** (d'où le nom Gaspé) : La dernière terre.
2. **Siknikt** : La zone de drainage.
3. **Epekwitk aq Piktuk** (Île-du-Prince-Édouard et Pictou) : Couché dans l'eau et l'endroit explosif.
4. **Unama'kik aq Ktaqmkuk** (Cap-Breton et Terre-Neuve) : Terres brumeuses et la terre de l'autre côté de l'eau.
5. **Eskikewa'kik** : Le territoire des vêtements en peaux.
6. **Sipekni'katik** (d'où le nom Shubenacadie) : La zone de pomme de terre sauvage.
7. **Kespukwik** : Le dernier écoulement.

Chapitre 1 À la rencontre des Mi'kmaq

Les alliances

Dans cet extrait du récit du sieur Diéreville, tu pourras constater que les autorités françaises offrent des cadeaux aux Autochtones afin de les remercier de se battre avec les Acadiens au nom du roi de France contre les Anglais. C'est aussi une façon de **consolider** l'alliance entre les deux peuples. Diéreville prend même le soin de faire référence à Membertou dans son récit.

Les Mi'Kmaqs près d'Halifax (Micmac Indians near Halifax) par John George Toler, 1808 (Bibliothèque et Archives Canada, MIKAN n° 2837177).

> *J'ai vu l'un de ces chefs des Sauvages, que l'on nomme Sagamo [Saqamaw], venir au fort de la rivière Saint-Jean [Jemseg], recevoir les présents que la France leur envoie. […] Cependant il a su dans la dernière guerre [de 1690 à 1697], avec cent hommes seulement, se battant vigoureusement, rendre vains les efforts de la fière Angleterre. Ce chef dont j'ai commencé à parler, était le petit fils d'**un sauvage anobli par Henri IV**, pour avoir chassé les Sauvages anglais de ses Etats*[9].

Plusieurs facteurs favorisent les bonnes relations entre les Mi'kmaq et les Acadiens. Comme tu viens d'apprendre, les cadeaux offerts par le roi de France favorisent cette alliance, ainsi que l'influence des missionnaires. De plus, les Français ne s'établissent pas sur les territoires de chasse et de pêche des Mi'kmaq. Les Français s'installent près des zones marécageuses qu'ils assèchent pour rendre la terre cultivable en construisant un système de digues et d'aboiteaux.

SAVAIS-TU QUE...

Les Acadiens avaient construit un système de *digues* pour assécher les marais, afin de pouvoir cultiver la terre ? Ils utilisaient des *aboiteaux* placés à divers endroits dans la digue pour l'évacuation du surplus de l'eau. Ces aboiteaux étaient faits de bois, comme un grand tuyau (dalle) avec un clapet, telle une porte pour laisser sortir l'eau vers la mer. Lorsque la marée était haute, le clapet empêchait l'eau d'entrer dans l'aboiteau.

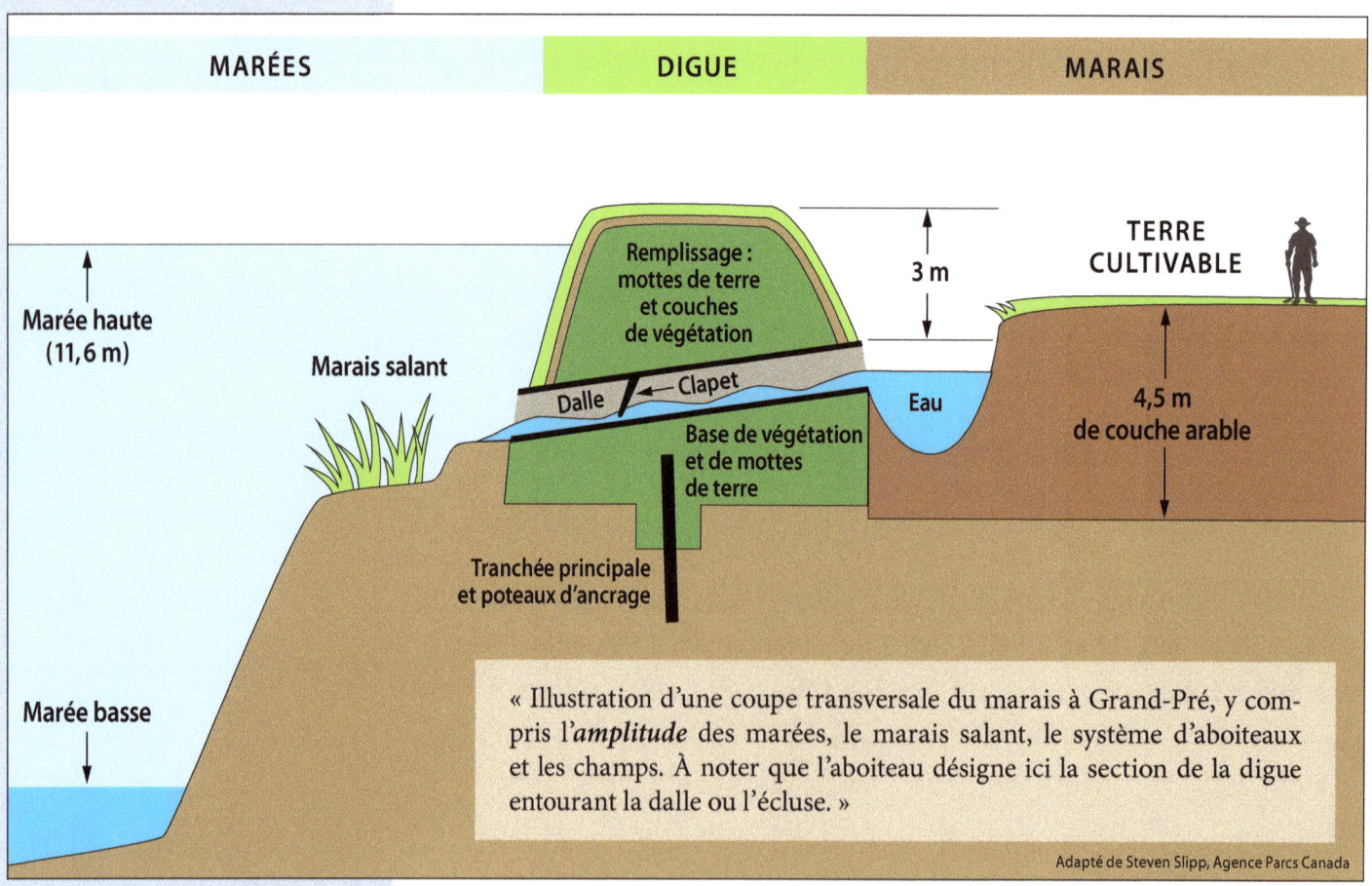

« Illustration d'une coupe transversale du marais à Grand-Pré, y compris l'*amplitude* des marées, le marais salant, le système d'aboiteaux et les champs. À noter que l'aboiteau désigne ici la section de la digue entourant la dalle ou l'écluse. »

Adapté de Steven Slipp, Agence Parcs Canada

Source : Comité d'intendance du site du patrimoine mondial de Grand-Pré, *Proposition d'inscription au patrimoine mondial pour Le Paysage de Grand-Pré*, Kentville (Nouvelle-Écosse), 2011, fig. 2-25, p. 37.

La chasse et la pêche

Comme tu viens de l'apprendre, les Mi'kmaq vivent de chasse et de pêche, et ce, au rythme des saisons. Au printemps, les Mi'kmaq se rendent près des rivières pour pêcher l'éperlan, le hareng, l'esturgeon et le saumon. D'autres chassent les outardes qui reviennent du sud. Certains récoltent l'eau d'érable. En été, les tâches sont variées. Quelques-uns cueillent les petits fruits, comme les fraises et les framboises, alors que d'autres récoltent des moules et d'autres coquillages. D'autres sont occupés à chasser ou à pêcher. À l'automne, les Mi'kmaq se déplacent à nouveau vers les rivières plus larges pour pêcher l'anguille, mais aussi pour se rapprocher des troupeaux d'élans. Alors que d'autres chassent le castor. À l'hiver, ils adaptent leur chasse et leur pêche, selon le déplacement des animaux et des poissons. Par exemple en décembre, ils pêchent sur la glace, soit les poulamons et mais aussi la tortue d'eau douce. En janvier, les Mi'kmaq se rendent sur les côtes du golfe du Saint-Laurent, sur les côtes de la baie de Fundy, ainsi que sur les côtes de l'océan, pour la chasse aux phoques et aux loups-marins. De février à mai, ils reprennent la chasse aux castors, mais aussi aux loutres, aux ours, aux orignaux et aux caribous, à l'intérieur des terres. Pour la conservation de la viande, ils la font fumer et sécher[10].

> **VERS D'AUTRES DÉCOUVERTES**
>
> Connais-tu toutes ces espèces animales ?
>
> Fais une recherche pour les identifier. Tu peux ensuite les classer selon les saisons de chasse et de pêche.
>
> Est-ce que tu connais ce qu'est un marais salant ?
>
> Fais une recherche pour comprendre pourquoi les Acadiens les asséchaient pour cultiver la terre.

SAVAIS-TU QUE…

Les Mi'kmaq et les Malécites avaient aidé les Français à s'adapter au climat rude, à la faune et à la flore en Acadie?

L'apport des Autochtones a été très important pour la survie des premiers Acadiens[11].

'eau d'érable

Bien avant l'arrivée des Européens, les Amérindiens ont découvert l'eau d'érable. Lors de l'arrivée des Français, les Mi'kmaq partagent leurs connaissances avec eux. Comment ont-ils fait cette découverte ? Voici une légende mi'kmaq qui présente l'origine de l'eau d'érable.

> *En ce temps-là, Wsitqamu'k (notre Mère la Terre) versa un contenant rempli d'eau a l'intérieur de chacun des érables, **dissolvant** ainsi le sucre. Le Grand Esprit Créateur (Ki-Kiau'lk) créa le gel et le dégel afin que puisse circuler la sève. On dit que Wsitqamu'k aurait été la première a percer des trous dans les troncs et a en recueillir la sève. Alors qu'elle dégustait la sève d'un érable elle se dit que si les humains pouvaient sans effort en faire autant, en prenant pour acquis qu'ils n'ont qu'à tendre le bras. Depuis ce temps, pour obtenir du sirop, ils doivent savoir attendre le moment propice et patienter pour obtenir un bon sirop doré[12].*

Maple Sugar Industry, 1939, (Bureau of Indian Affairs. Red Lake Agency, NARA n° 285760).

Chapitre 1   À la rencontre des Mi'kmaq

Les vêtements

Dans son livre, *Relation du voyage du Port Royal de l'Acadie, ou de la Nouvelle France*, le sieur Diéreville décrit comment les Mi'kmaq s'habillent au 17e siècle.

> *Mais parlons des habillements des Sauvages. Ils ne couvrent leur nudité que des dépouilles des animaux, ou de quelques couvertures qu'on leur traite pour leurs **pelleteries**, et dont ils s'enveloppent. Entre les habits des hommes et ceux des femmes, il n'y a presque point de différence; ceux des femmes descendent jusqu'au bas des jambes, en manière de **cotillon**, et ceux des hommes ne passent point le genou; ils veulent avoir les jambes libres pour mieux aller à la chasse. Pendant l'été quelques garçons n'ont qu'une chemise, encore est-elle si courte, qu'ils sont obligés de se servir d'une ceinture, à laquelle est attaché un morceau d'**étoffe** ou de peau, pour couvrir les parties que la **pudeur** empêche de montrer. [...] Ils ont presque toujours la tête nue, les femmes comme les hommes, quelquefois ils mettent un petit bonnet d'étoffe, en forme de calotte qui ne couvre que le sommet de la tête : quelques-uns portent des bas et des souliers, mais le plus souvent ils n'en ont pas. Les bas sont faits de deux morceaux d'étoffe qu'on appelle mazamet, ils les cousent en dehors, et il y a toujours deux ailes qui débordent de quatre doigts la couture. Leurs souliers sont faits de peau de loup-marin, en escarpins, toujours plats et commodes; ils ressemblent mieux à nos chaussons, n'ayant pas de talons; ils s'attachent avec des courrois qui passent par des trous dans les quartiers, comme les cordons d'une bourse. Ils en font encore de peau d'orignal, qu'ils embellissent de peinture, et de bordure de poil de porc-épic blanc et rouge*[13].

VERS D'AUTRES DÉCOUVERTES

Connais-tu d'autres légendes amérindiennes?

Homme Acadien* (1788-1796) et **Femme Acadienne*** (1733-1799), par Jacques Grasset de Saint-Sauveur (artiste) et Jacques Laroque (graveur), (Bibliothèque et Archives Canada, MIKAN n° 2900892, MIKAN n° 2962712).

* Ici, c'est bien la représentation d'un homme et d'une femme Mi'kmaq. L'auteur fait référence au fait qu'ils habitent l'Acadie.

SAVAIS-TU QUE...

Le sieur Diéreville avait visité l'Acadie du 13 octobre 1699 au 6 octobre 1700 ?

Quelque temps après son retour en France, il a publié le livre *Relation du voyage du Port Royal de l'Acadie, ou de la Nouvelle France*. Dans cet ouvrage publié en 1708, à Rouen en Normandie, il y décrit son voyage et sa perception des *us et coutumes* des Mi'kmaq.

SAVAIS-TU QUE...

Les Autochtones vivent aujourd'hui dans des réserves ?

Ces réserves sont réglementées par la *Loi sur les Indiens* qui a été créée en 1876 par l'état fédéral canadien. Cette loi jugée plusieurs fois injuste a été modifiée de nombreuses fois depuis sa création[14].

Us et coutumes

Voici quelques us et coutumes, ainsi que des qualités des Mi'kmaq au 17e siècle, qui sont décrites par le sieur Diéreville, dans son livre *Relation du voyage du Port Royal de l'Acadie, ou de la Nouvelle France*.

■ **L'hospitalité et le partage**

*Passons à une de leurs plus belles et louables qualités ; c'est leur amour pour l'hospitalité ; ils se secourent entr'eux de tout leur pouvoir ; si quelqu'un à des vivres, il ne manque jamais de les partager avec ceux qui n'en ont pas, et qui en souffrent. Un Sauvage se verrait mourir de faim, qu'il ne voudrait pas manger seul une **cercelle** qu'il aurait tuée, et qui pourrait lui rendre la vie, il la porterait à la cabane, où il saurait que d'autres en auraient besoin comme lui, et chacun en aurait sa part*[15].

■ **Un peuple semi-nomade et festif**

*Quand ils sont dans un **canton** où ils trouvent des bêtes et du gibier, ils y demeurent tant qu'il y en a : quand ils ont presque tout tué, et que la chaudière ne va plus comme il faut, ils vont autre part chercher mieux, et ils ne sont jamais si bien, qu'aux lieux où ils trouvent beaucoup à manger : ils en marquent leur joie par leurs chants et par leurs dansent*[16].

■ Les personnes âgées

*Quand un sauvage vieux et **caduc** ne peut plus aller à la chasse, et qu'il perd à la guerre un fils unique, accablé de douleur, et comme désespéré, il assemble ses amis, les régale, et leur dit le triste et funeste sujet de sa peine. Touchés de compassion, ils entrent dans sa misère, et forment en même temps le charitable **dessein** de rendre à ce père **affligé** un autre enfant, ils lui en donnent leur parole, et bientôt après ils travaillent à l'effectuer. Ils s'en vont dans la terre étrangère où a péri ce fils regretté, en cherchent un autre garçon pour le malheureux père qui a perdu le sien ; ils le trouvent, le lui amènent, et il l'adopte[17].*

> **VERS D'AUTRES DÉCOUVERTES**
>
> Les écrits du 17e siècle décrivent des us et coutumes des Autochtones du passé. Ont-ils les mêmes aujourd'hui ?
>
> Fais une recherche pour approfondir tes connaissances à ce sujet.

■ Les nouveau-nés

*La première nourriture que l'on donne à un enfant, nouvellement né, est de l'huile de poisson, ou de la graisse fondue de quelque animal. On en fait avaler au poupon, et après cela, il ne prend plus que du lait de sa mère jusqu'à ce qu'il soit assez fort pour vivre comme les autres. On l'emmaillote dans des peaux de renards, de cygnes, d'oies, ou d'outardes, et on lui met sur le derrière un paquet de mousse, pour l'empêcher de gâter de si beaux **langes**[18].*

Quatre femmes Mik'maq (Micmac) assises en face de leurs wigwams, par Paul-Emile Miot, Sydney, Île du Cap-Breton, Nouvelle-Écosse, 1857 (Bibliothèque et Archives Canada, MIKAN n° 3533238).

SAVAIS-TU QUE…

Charles de La Tour s'est marié avec une Amérindienne de la Confédération Wabanaki (probablement une Mi'kmaw) vers 1625 ?

La Tour était, le jour de son mariage, administrateur de la colonie. Il est ensuite devenu gouverneur et lieutenant général de l'Acadie en 1631. Selon le récit de Diéreville, les Acadiens qui se sont mariés avec des Mi'kmaq ont dû se marier deux fois, selon le rite mi'kmaq et selon le rite catholique.

■ La première chasse réussie

*Le premier **gibier** qu'un enfant tue à la chasse, donne encore lieu à un grand festin, et tous les Sauvages de la contrée sont conviés à cette fête ; s'ils couraient les bois, on attendrait leur retour pour la célébrer, et pendant ce temps-là, on ferait boucaner le gibier pour mieux le conserver. On observe à ces festins une cérémonie assez particulière, les parents du jeune chasseur, et lui-même, ne goûtent point ce gibier, ils se font honneur de le partager à toute la compagnie, quelque petit qu'il soit. On observe encore de la mettre le dernier dans la chaudière ; car là point de rôti, tout est bouilli*[19].

■ Le mariage chez les Mi'kmaq

*Quand un garçon est amoureux d'une fille qu'il trouve à son gré, il va trouver son père, et lui dit sans plus de façon, en termes sauvages, je voudrais bien entrer dans ta famille – car ils se tutoient toujours entre eux – et la réponse qu'il en reçoit est qu'il faut parler à la mère. Une telle affaire de cœur tire rarement en largeur ; elle est **promptement** terminée, et l'on consent à hyménée, si l'amant est un bon chasseur.*

On n'agit pas cependant toujours de même, il en coûte quelquefois bien des pas, des peines et des soins à un amant, pour obtenir une fille. Il faut qu'il s'engage à nourrir de son gibier le père, la mère et les enfants pendant un temps qu'on limite, et que son impatience trouve quelquefois bien long à expirer. Ce n'est pas tout, si la fille a plus que lui de mérite, on ne la lui accorde qu'à force de présents.

Chapitre 1 À la rencontre des Mi'kmaq

> *Le mariage se fait sans y apporter beaucoup de cérémonie, le père et la mère de la fille lui disent seulement : suis ce garçon, c'est ton mari. Ils s'en vont dans les bois ensemble, et passant la nuit et le jour, à faire comme bon leur semble, la chasse et l'amour tour à tour. Ils reviennent quelques jours après, et du gibier qu'ils ont attrapé, on fait festin, où chair et poisson ne manquent pas ; on y convie les Sauvages de la contrée, et la noce se fait avec beaucoup d'allégresse. Le père de la fille en faveur de son gendre, dit les raisons qui l'ont engagé de le prendre, il en raconte les exploits, cite de ses **aïeux** l'adresse et le courage, et tout ce qu'ils ont fait pour la **race** sauvage ; la troupe par des cris applaudit à la fois à son éloquence, à son choix.*
>
> *Le mariage se fait en face de l'église, quand les amants n'en sont pas éloignés. Ils sont présentement assez bien instruits sur leurs devoirs, pour savoir que sans cette cérémonie, rien ne l'autorise ; et j'en ai vu venir de bien loin recevoir ce sacrement du curé de Port Royal, et même j'ai vu que ceux qui étaient mariés à la sauvage, renouvelaient leur mariage, aux pieds de nos autels[20].*

PASSE À L'ACTION

Sur une carte géographique (ou sur Internet), fais une recherche pour découvrir où était situé le port Lomeron (aujourd'hui Port-La Tour, Nouvelle-Écosse).

C'est dans le livre *Les relations des Jésuites*, datant de 1611, que le rituel funéraire des Mi'kmaq est présenté pour la première fois.

■ **Les rites funéraires**

> *Lorsqu'un Mi'kmaw décède, on lui prépare un festin autour duquel se rassemblent parents et amis. Lors du festin, les invités donnent des chiens, des peaux, des flèches, etc., en signe d'amitié. Les chiens du défunt sont tués afin qu'ils accompagnent*

Femmes mi'kmaques vendant des paniers, Halifax, par Mary R. McKie, vers 1845 (Bibliothèque et Archives Canada, MIKAN n° 2898247).

SAVAIS-TU QUE...

Le premier enfant connu, né d'un Français et d'une Mi'kmaw avait vu le jour en 1620, au port Lomeron (Port-La Tour, Nouvelle-Écosse) ?

En effet, André Lasnier a été baptisé le 27 décembre 1632, à Libourne (Guyenne), en France, à l'âge d'environ 12 ans. Il y est dit né « en Canada coste de l'Acadie au por[t] de La Tour », donc au port Lomeron, celui de Charles de La Tour. André est le fils de Louis Lasnier. La première fille connue serait Jeanne La Tour née vers 1626 au port Lomeron. Elle est la fille de Charles de La Tour et d'une Amérindienne de la Confédération Wabanaki (probablement une Mi'kmaw)[21].

leur maître dans l'au-delà. Lors du festin, on rend hommage au défunt. Le deuil peut durer une semaine de temps ou jusqu'à la fin des provisions. Pour marquer le deuil, les proches du défunt se peignent le visage en noir.

*Ils enterrent le mort enveloppé dans des peaux et le place en **position fœtale**, de façon à être assis, dans la fosse. Une fois enseveli, si c'est un homme, on dépose à côté de sa dépouille son arc et ses flèches ; si c'est une femme, on y dépose quelques cuillères et des bijoux. Les défunts sont également enterrés avec leurs effets personnels, soit leurs vêtements et bagages, mais aussi avec leurs chiens.*

■ **Évangélisation des Mi'kmaq**

Pour terminer ce volet des us et coutumes des Mi'kmaq, il est important de saisir que la christianisation des Amérindiens est un élément important dans la concrétisation des alliances entre les deux peuples. Pour faciliter son travail de conversion des Autochtones, un système de hiéroglyphes religieux est inventé en 1677, par le père Chrestien Leclercq, un père *récollet*. Ce dernier est missionnaire auprès des Mi'kmaq de Ristigouche et de la Gaspésie, de 1675 à 1687. Ensuite, ces *hiéroglyphes* religieux sont à nouveau utilisés par l'abbé Pierre Maillard, lorsqu'il devient missionnaire auprès des Mi'kmaq de l'île Royale (aujourd'hui le Cap-Breton) de 1735 à 1752. Ceux-ci nous sont transmis par le père Christian Kauder, un *rédemptoriste.* Dans les années 1860, il prend soin de tout mettre par écrit. Son recueil est publié en 1866.

Voici un extrait, la prière du Notre Père, qui nous est parvenu par la réédition de son ouvrage publié en 1921. À gauche, vous trouverez la prière en hiéroglyphes mi'kmaq et à droite, la version française.

Hiéroglyphes mi'kmaq. Source : Christian Kauder, *Manuel de prières, instructions et chants sacrés en hiéroglyphes micmacs* (1866), Ristigouche, The Micmac Messenger, réédité en 1921, p. 72-73.

> **VERS D'AUTRES DÉCOUVERTES**
>
> Connais-tu d'autres peuples qui pratiquaient des rituels funéraires similaires ?
>
> Avons-nous les mêmes rituels funéraires aujourd'hui ?

> **VERS D'AUTRES DÉCOUVERTES**
>
> Fais une recherche sur Internet pour découvrir d'autres hiéroglyphes et *pétroglyphes* mi'kmaq, mais aussi d'autres civilisations anciennes.

Notre Père

Notre Père qui es aux cieux, que ton Nom soit sanctifié, que ton règne vienne, que ta volonté soit faite sur la terre comme au ciel.

Donne-nous aujourd'hui notre pain de ce jour.

Pardonne-nous nos offenses, comme nous pardonnons aussi à ceux qui nous ont offensés.

Et ne nous laisse pas entrer en tentation, mais délivre-nous du mal.

Amen.

Le drapeau national

En terminant ce chapitre, savais-tu que les Mi'kmaq ont aussi un drapeau[22] qui les représente ? Il s'agit précisément du drapeau du Grand Conseil des Mi'kmaq.

Voici l'explication des symboles qui se retrouvent sur le drapeau :

Wapék (blanc)
Dénote la pureté de la création.

Mekwék Klujjewey (croix rouge)
Représente l'humanité et l'infini (les quatre points cardinaux).

Nákúset (soleil/étoile rouge)
Les forces de la journée.

Tepkunaset (lune rouge)
Les forces de la nuit.

PASSE À L'ACTION

Connais-tu d'autres drapeaux où l'on retrouve les couleurs blanche et rouge ?

Peux-tu faire des liens avec le drapeau acadien ?

Les Indiens Micmacs, par Millicent Mary Chaplin, 1839 (Bibliothèque et Archives Canada, MIKAN n° 2895131).

Chapitre 2

Au temps de la fondation et de la colonisation de l'Acadie (1604-1654)

Habitation de Lile S'te Croix, 1613
par Samuel de Champlain (1574-1635).
(Bibliothèque et Archives Canada,
MIKAN n° 3919901).

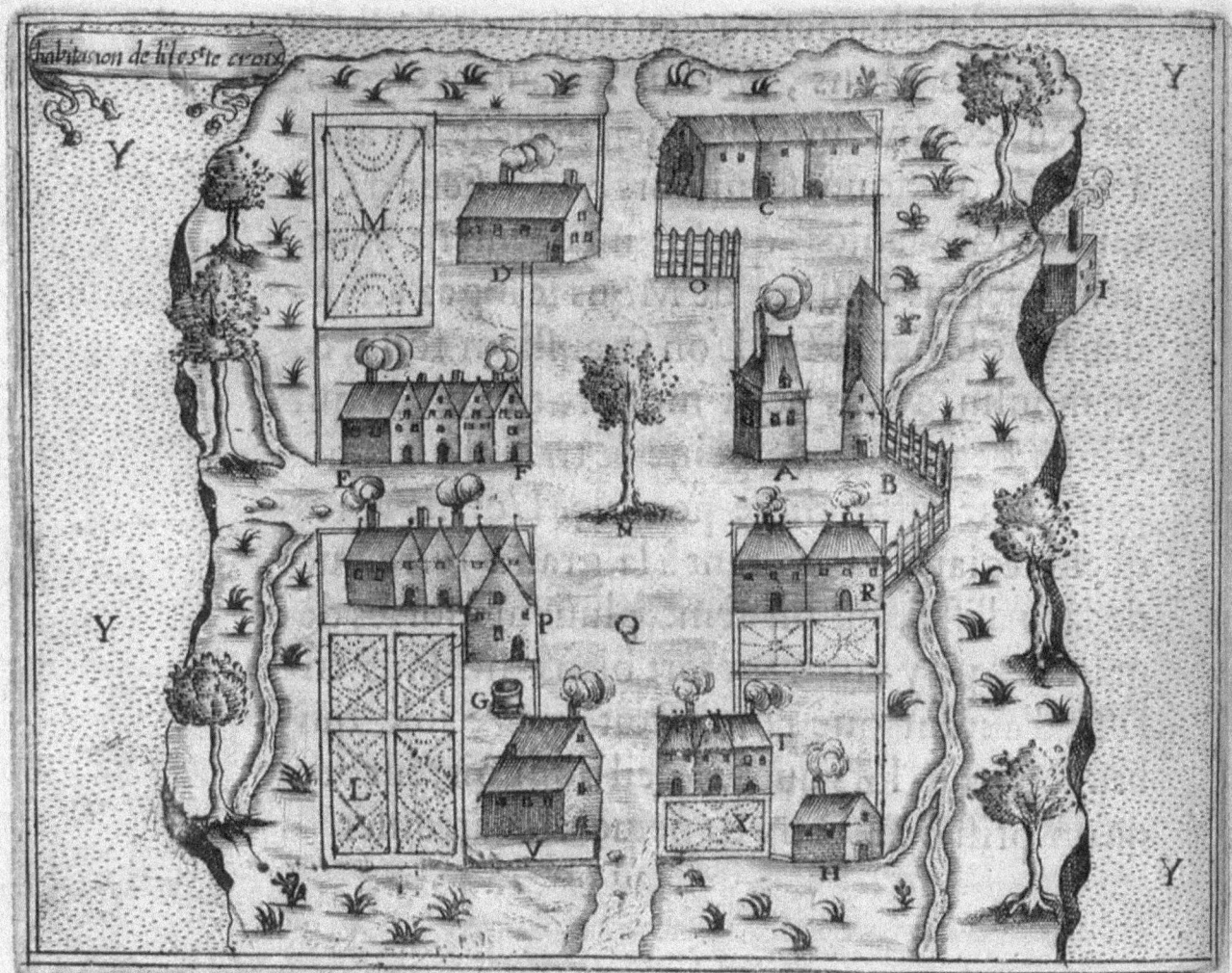

A Logis du sieur de Mons.
B Maison publique ou l'on passoit le temps durant la pluie.
C Le magasin.
D Logement des suisses.
E La forge.
F Logement des charpentiers
G Le puis.
H Le four ou l'on faisoit le pain.
I La cuisine.
L Iardinages.
M Autres Iardins.
N La place où au milieu y a vn arbre.
O Pallissade.
P Logis des sieurs d'Oruille, Champlain & Chandore.
Q Logis du sieur Boulay, & autres artisans.
R Logis ou logeoiēt les sieurs de Genestou, Sourin & autres artisans.
T Logis des sieurs de Beaumont, la Motte Bourioli & Fougeray.
V Logement de nostre curé.
X Autres iardinages.
Y La riuiere qui entoure l'isle.

SAVAIS-TU QUE…

Les Vikings installés au Groenland étaient les premiers Européens connus à ce jour à s'être établis au Canada ?

Entre 950 et 1050, ils étaient installés à L'Anse aux Meadows, à Terre-Neuve.

SAVAIS-TU QUE…

Thomas Aubert, un navigateur de Dieppe en France, se serait rendu jusqu'à Terre-Neuve en 1506[1] et qu'il serait retourné en France avec six *Béothuks* ?

C'est la recherche d'un nouveau passage vers l'Asie qui pousse les Français à explorer l'océan Atlantique. Le passage traditionnel de la « route des épices » était devenu impraticable avec l'Empire ottoman. En 1497, le roi d'Angleterre décide de financer l'expédition de l'italien Giovanni Caboto, surnommé John ou Jean Cabot, afin de trouver une nouvelle voie navigable vers l'Inde, en passant par l'ouest. C'est ainsi que Jean Cabot aurait exploré la côte est du Canada[2]. Puis, quelques années plus tard, soit en 1524, le roi de France finance l'expédition de l'italien Giovanni da Verrazano, afin qu'il cartographie le *littoral* nord-américain. En navigant dans la région de Washington, il surnomme la région d'*Arcadie* (avec un « r »)[3]. Il faisait ainsi référence aux terres fertiles de la Grèce antique. C'est ainsi que le nom de l'Acadie trouve ses origines. Dix ans plus tard, les Français entreprennent la première expédition en Amérique du Nord sous la direction de Jacques Cartier. Toutefois, le climat hivernal les *rebute* et, à ce moment-là, ils sont loin de penser à la colonisation du territoire. Les pêcheurs continuent la pêche à la morue et la chasse à la baleine sur le littoral de l'Amérique du Nord. Par la suite, la France décide de coloniser l'Acadie. Comment ? C'est ce que tu exploreras dans ce chapitre.

Giovanni da Verrazano (1485?-1528?). Source : Benjamin Franklin DeCosta, *Verrazano the explorer: being a vindication of his letter and voyage*, New York, A.S. Barnes & company, 1880, p. 34.

La fondation de l'Acadie (1604-1607)

Le 8 novembre 1603, le roi de France Henri VI nomme « Pierre du Gua, sieur de Monts [Mons], vice-roi et capitaine-général de la Cadie : À commencer *dés* le quarantième degré, *jusques* au quarante-sixiéme[4] ». Ainsi, Pierre Du Gua de Mons obtient le monopole de l'Acadie, avec le droit de concéder des seigneuries et de faire la traite des fourrures avec les Amérindiens. Toutefois, il a l'obligation d'amener avec lui au moins soixante colons. L'aventure commence le 7 mars 1604, lorsque les deux navires mettent les voiles en direction de l'Amérique du Nord. Pierre Du Gua de Mons est accompagné de Samuel de Champlain, géographe du roi, de Jean de Biencourt de Poutrincourt, ainsi que des *engagés* divers. Après avoir exploré la baie Française, l'emplacement de l'île Sainte-Croix (Dochet Island, Maine) est choisi pour établir la première colonie en Acadie. Pierre Du Gua de Mons et Samuel de Champlain y passent l'hiver[5]. Au total, ils sont 79 hommes, dont deux prêtres catholiques et un pasteur protestant[6]. Ils construisent sur l'île une petite forteresse entourée d'une *palissade*. De son côté, Jean de Biencourt de Poutrincourt retourne en France avec des fourrures.

> **VERS D'AUTRES DÉCOUVERTES**
>
> Fais une recherche pour comprendre pourquoi les Vikings sont venus à Terre-Neuve.
>
> Tu peux aussi approfondir tes connaissances en faisant une recherche sur la Pointe-Rosée (près de Codroy), à Terre-Neuve.

Le sieur de Monts
(Pierre Du Gua de Mons, 1558?-1628), artiste inconnu (Bibliothèque et Archives Canada, MIKAN n° 4313001).

SAVAIS-TU QUE…

Sur certaines cartes géographiques anciennes, le nom de l'Acadie est écrit La Cadie ?
Le nom de ses habitants est donc les Acadiens ou les Cadiens. Avec l'accent, il faudrait plutôt dire les « Cad-yens ». Ce qui a donné les Cajuns (« Cad-juns ») en anglais.

SAVAIS-TU QUE…

Au temps des seigneuries, le seigneur recevait une concession, une grande terre, qu'il subdivisait en plusieurs terrains où il y installait des colons ?
Ces concessionnaires (les colons), que l'on nommait également des censitaires, devaient payer le cens, c'est-à-dire une taxe annuelle au seigneur (d'où le nom de censitaire)[7].

SAVAIS-TU QUE…

Le castor était en voie de disparition en Russie au 16e siècle ?
À l'époque, la peau de castor servait à la fabrication des chapeaux[8].

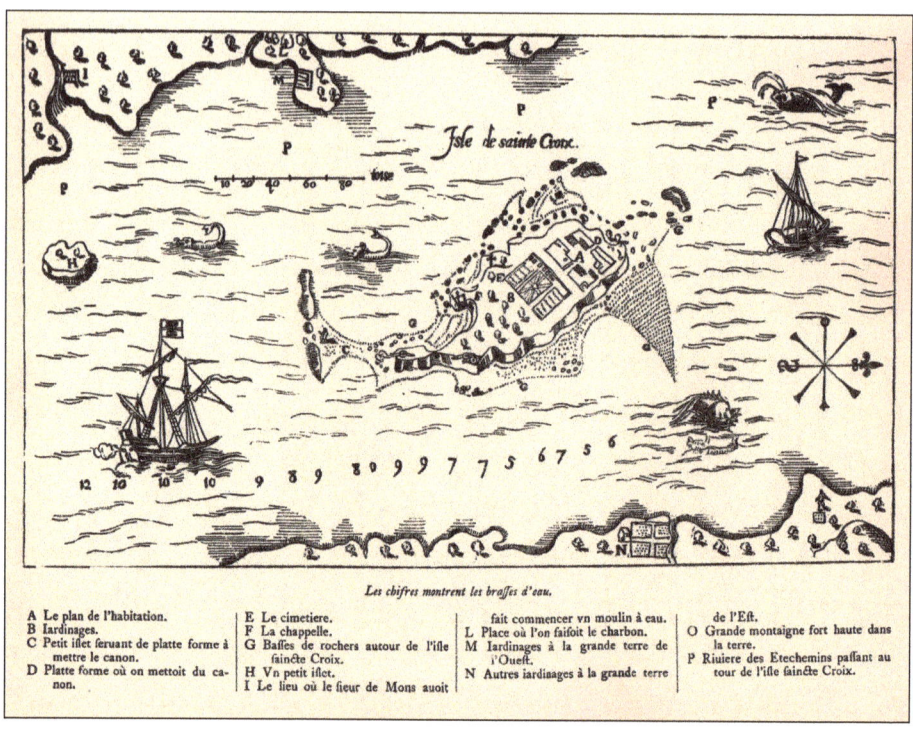

Isle de sainte Croix par Samuel de Champlain (1574-1635), 1613. (Bibliothèque et Archives Canada, MIKAN n° 3919753).

Avant l'arrivée de l'hiver, Champlain en profite pour poursuivre ses explorations et pour faire alliance avec les Amérindiens qui sont établis dans la région.

[Lorsque Champlain est arrivé dans le] *bassin des Mines, dans la région de Grand-Pré, où il s'émerveilla de voir une vieille croix de bois moussu qui témoigne du passage en ces lieux des premiers explorateurs ou pêcheurs chrétiens*[9].

L'hiver apporte son lot de difficultés, notamment la maladie. La jeune colonie est alors frappée par le *scorbut* qui tue la moitié des hommes. Il faut attendre au printemps pour enterrer les morts. À la mi-juin 1605, le navire de Gravé Du Pont arrive en Acadie avec une relève de 36 hommes ainsi qu'avec des *ravitaillements*. À ce moment, ils choisissent de déplacer la colonie à Port-Royal. Ils démontent les maisons de l'île Sainte-Croix, transportent les pièces et ils reconstruisent les maisons à Port-Royal. Lors de son séjour en France, Jean de Biencourt de Poutrincourt profite de l'occasion « pour se faire *octroyer* par ordonnance

> **VERS D'AUTRES DÉCOUVERTES**
>
> Sur Internet, explore le site de l'*Abitation du port royal (1605-1613)*.

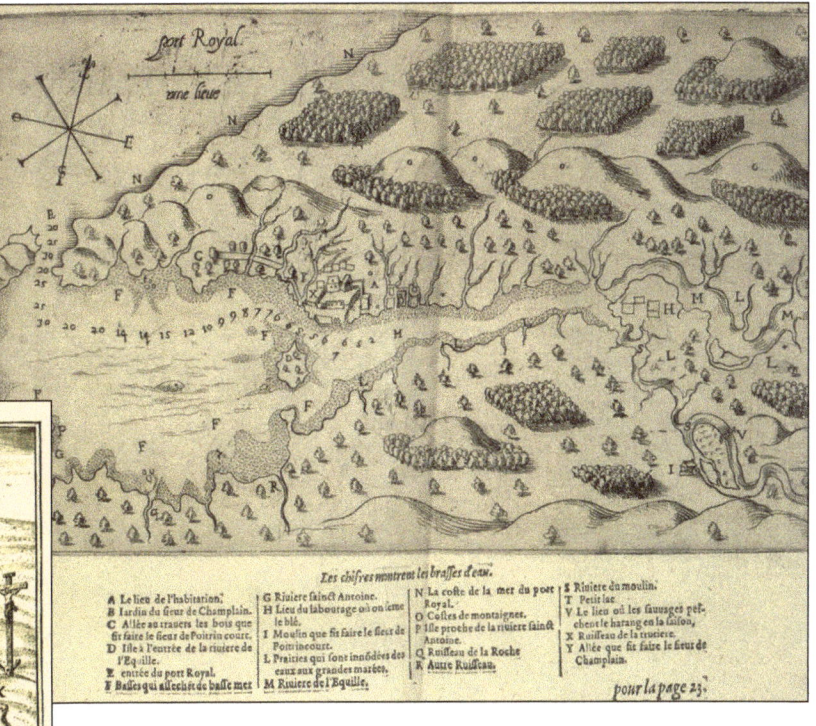

Port Royal (1603)
par Samuel de Champlain (1574-1635).
(Bibliothèque et Archives Canada, MIKAN n° 5012270).

Abitation du port royal (1605-1613)
par Samuel de Champlain (1574-1635).
(Bibliothèque et Archives Canada, MIKAN n° 3919789).

SAVAIS-TU QUE...

La même année où les Français avaient abandonné Port-Royal, les Anglais s'installaient à Jamestown en Virginie ?

Ce sont les plantations de tabac qui ont favorisé le succès de la colonie anglaise[10].

SAVAIS-TU QUE...

La première pièce de théâtre qui avait été présentée en Amérique du Nord, c'est la pièce Le Théâtre de Neptune qui avait été montée par Marc Lescarbot en 1607 ?

royale, en date du 25 février 1606, le *fief* de Port-Royal que Monsieur de Mons lui avait concédé verbalement en 1604. Au printemps 1606, Jean de Biencourt de Poutrincourt, devenu lieutenant-gouverneur de l'Acadie, retourne dans la jeune colonie acadienne, accompagné, entre autres, de l'***apothicaire*** Louis Hébert[11] et de l'avocat Marc Lescarbot.

De son côté, « Samuel de Champlain crée l'Ordre du Bon Temps où, tour à tour, les colons se voient confier la tâche de garnir la table des produits de leur chasse et de leur pêche[12] ». Malgré tous ces efforts, la jeune colonie reste dans une situation précaire jusqu'à la ***révocation*** du monopole de Du Gua de Mons en 1607. Nous assistons donc à l'échec de l'établissement de la colonie en Acadie. Les Français abandonnent Port-Royal, le 16 août 1607.

L'Ordre de Bon Temps, 1606
1925 par Charles William Jefferys (1869-1951), (Bibliothèque et Archives Canada, MIKAN n° 2952732).

Chapitre 2 Au temps de la fondation et de la colonisation de l'Acadie (1604-1654)

Une deuxième tentative de colonisation (1610-1631)

En 1610, Poutrincourt ravive l'idée de la colonisation acadienne. Il obtient le titre de gouverneur de l'Acadie. Puis, il retourne à Port-Royal en juin, avec l'apothicaire Louis Hébert, Claude et Charles Saint-Étienne de La Tour, l'abbé Jessé Fléché (un prêtre catholique), ainsi qu'avec une vingtaine de colons. Lors de leur arrivée en Acadie, ils sont accueillis par les Mi'kmaq, dont Membertou, le Grand Saqamaw. L'*Abitation* de Port-Royal est intacte. Toutefois, les efforts de colonisation sont si modestes que la colonie semble être de retour à la case départ. Pour améliorer le développement de la colonie et pour obtenir du financement, Poutrincourt cède à la demande du roi de France et à celle de Madame Antoinette de Pons, marquise de Guercheville, d'accepter l'arrivée de deux prêtres jésuites : Pierre Biard et Énemond Massé. Ils sont envoyés pour aider l'abbé Fléché dans son travail de conversion des Mi'kmaq. Le navire *Grâce de Dieu* quitte Dieppe, en Normandie, le 26 janvier 1611, avec 36 personnes à bord. La petite communauté acadienne de 23 personnes les accueille le jour de la Pentecôte[13], soit le 12 mai. La traversée avait été très longue puisqu'ils ont navigué dans l'océan à demi-gelée remplie de banquises et d'icebergs.

VERS D'AUTRES DÉCOUVERTES

Pierre Du Gua de Mons a fondé l'Acadie en 1604.

Quel endroit Champlain a-t-il fondé en 1608 ?

VERS D'AUTRES DÉCOUVERTES

Fais une recherche sur Internet pour découvrir où est situé Jamestown, Virginie.

Était-ce loin de Port-Royal ?

M. de Potrin (baron Jean de Biencourt de Poutrincourt et de Saint-Just, 1557-1615), artiste inconnu (Bibliothèque et Archives Canada, MIKAN n° 2935561).

SAVAIS-TU QUE...

Jeanne de Salazar, épouse de Jean de Biencourt de Poutrincourt, était considérée comme étant la première Française à venir en Acadie ?

Elle était passagère du navire *Grâce de Dieu*, selon une lettre du père Pierre Biard datée du 31 janvier 1612[14].

SAVAIS-TU QUE...

Plus de 200 personnes habitaient en Virginie en 1613, alors que la colonie de Saint-Sauveur comptait seulement 30 hommes et seulement une quinzaine à Port-Royal ?

SAVAIS-TU QUE...

La colonie de Plymouth, en Nouvelle-Angleterre, comptait près de 1 500 colons protestants dits puritains, et qu'ils avaient immigré entre 1620 et 1630 ?

Les premiers Pèlerins, surnommés *Pilgrims*, avaient traversé l'Atlantique à bord du célèbre *Mayflower* en 1620.

Pendant l'été, les pères Biard et Massé accusent l'abbé Fléché d'avoir baptisé trop rapidement les Mi'kmaq, sans les avoir préparés convenablement à la pratique de la religion catholique[15]. L'abbé Fléché est renvoyé en France en juillet de la même année. Il semble que ce serait Poutrincourt qui aurait mis de la pression sur l'abbé Fléché, afin qu'il convertisse un grand nombre d'Amérindiens. De cette façon, Poutrincourt espérait obtenir plus d'argent pour la colonisation et la conversion des Amérindiens. Ce problème divise la colonie en deux camps : les alliés de Poutrincourt et les alliés des jésuites. En conséquence, les pères jésuites vont bannir la colonie de Port-Royal. Par la suite, la marquise de Guercheville retire son appui financier à la colonie de Port-Royal, et elle ordonne de fonder une autre colonie, celle de Saint-Sauveur, à l'embouchure de la rivière Pentagouët (aujourd'hui Penobscot, Maine), près de l'île des Monts déserts[16].

En 1613, Samuel Argall de la Virginie reçoit l'ordre d'anéantir les colonies françaises en Acadie. Les Anglais détruisent alors Saint-Sauveur et Port-Royal, ne laissant qu'un moulin à Port-Royal. Ainsi, les Anglais revendiquent le territoire découvert par Cabot en 1497 au nom du roi d'Angleterre. Les hommes de Saint-Sauveur sont faits prisonniers et emmenés en Virginie. Alors que ceux de Port-Royal sont épargnés, car ils travaillaient au champ et dans la forêt lors de l'attaque des Anglais.

En 1614, Port-Royal a repris son statut de poste de traite, où près d'une quinzaine d'hommes y vivaient toujours sous la gouverne de Charles de Biencourt, et ce, jusqu'à sa mort en 1623[17]. Vers 1617-1618, il déplace le poste de traite près du Cap-Sable[18]. Les quelques Français qui étaient restés y ont construit le port Lomeron, car c'est un endroit plus stratégique pour le commerce. Ces habitants français sont « associés à des marchands de La Rochelle [qui] *affrètent* presque chaque année un bateau qui leur apporte les produits nécessaires à leur subsistance[19]. » Après la mort de Biencourt, c'est Charles de La Tour qui prend la gouverne de l'établissement. Pendant ce temps, Claude de La Tour, père de Charles, fait construire un poste de traite à Pentagouët (aujourd'hui Castine, Maine), vers 1625, où il y fait la traite des fourrures avec quelques hommes. Vers 1626, ils sont chassés de Pentagouët par les colons anglais de Plymouth au Massachusetts. Dès lors, Claude de La Tour décide de retourner en France. Puis la guerre est à nouveau déclarée entre la France et l'Angleterre en 1627. C'est alors que Charles de La Tour écrit au roi de France pour lui expliquer la situation précaire en Acadie depuis 1613, et ce, dans le but de protéger les acquis en Acadie.

> **VERS D'AUTRES DÉCOUVERTES**
>
> Fais une recherche sur Internet pour découvrir où est située l'île des Monts déserts.
>
> Était-ce loin de Port-Royal ?

> **SAVAIS-TU QUE...**
>
> L'île de Miscou avait été découverte par Jacques Cartier le 3 juillet 1534 ?
>
> C'est Raymond de La Ralde qui y avait construit la première habitation en 1621. En 1628, l'armée anglaise de David Kirke s'est emparée de l'habitation de Miscou[20]. En 1640, les jésuites ont fait construire une nouvelle résidence à Nipisiguit (aujourd'hui Bathurst, Nouveau-Brunswick) et en 1642, cette résidence est choisie au détriment de celle de Miscou[21].
>
> Quant à Canseau, en 1607, Lescarbot y avait rencontré le capitaine Savalet, un marin basque qui y pêchait chaque année depuis 1565[22].

SAVAIS-TU QUE...

Le port Lomeron prenait son nom de David Lomeron ? De 1614 à 1623, ce navigateur français avait ravitaillé la colonie acadienne[23].

Le port Lomeron était situé au Port-La Tour, en Nouvelle-Écosse. En 1630, de La Tour fait construire le fort Saint-Louis (aujourd'hui à Villagedale, Barrington Bay, Nouvelle-Écosse), en l'honneur du roi de France, et le port Lomeron est délaissé lorsque la construction est terminée[24]. À l'occasion, il est surnommé le port La Tour.

SAVAIS-TU QUE...

La France avait connu une guerre de religion ? Entre 1561 à 1598, il y a eu huit conflits armés entre les catholiques et les protestants, dont le massacre de la Saint-Barthélemy qui s'est produit dans la nuit du 23 au 24 août 1572, à Paris. La paix est résolue avec l'Édit de Nantes, le 30 avril 1598[25].

Entre-temps, Jacques VI d'Écosse concède à Sir William Alexander, le 10 septembre 1621, les territoires de l'Amérique septentrionale du 40e au 48e degré (ce qui inclut l'Acadie et la Nouvelle-France). Le territoire acadien est renommé New Scotland en anglais, mais aussi Nova Scotia en latin.

En 1628, Claude de La Tour décide de retourner en Acadie auprès de son fils Charles, avec des ravitaillements. Toutefois, l'armée anglaise de David Kirke s'empare du navire de La Tour et il est emmené en Angleterre.

Au printemps 1629, William Alexander fils se rend en Nouvelle-Écosse pour fonder le fort Charles (Charlesfort) avec des colons écossais. Claude de La Tour accompagne ce groupe afin de leur transmettre ses connaissances sur le territoire et de favoriser la réussite de la colonie. Peu de temps après son retour en Angleterre, Claude de La Tour reçoit le titre de *baronnet* de la Nouvelle-Écosse, le 30 novembre 1629, et ce, pour ses services rendus à la couronne anglaise.

Le 12 mai 1630, Claude de La Tour accepte le titre de baronnet pour son fils Charles. Quelque temps après, il reprend le large en direction de la Nouvelle-Écosse avec d'autres colons écossais. Il fait une escale au port Lomeron pour annoncer la bonne nouvelle à son fils Charles. Toutefois, Charles refuse le titre de baronnet et refuse de jurer fidélité au roi d'Angleterre.

Chapitre 2 Au temps de la fondation et de la colonisation de l'Acadie (1604-1654)

Dès lors, les Anglais attaquent le port Lomeron. La bataille a duré deux jours jusqu'à ce que les Anglais abandonnent face à la résistance française.

Toujours au printemps 1630, la Compagnie de la Nouvelle-France fait parvenir des ravitaillements, des hommes et trois prêtres récollets au port Lomeron[26]. Finalement, le 8 février 1631, le roi de France, Louis XIII, nomme Charles de La Tour gouverneur et lieutenant général de l'Acadie. À l'été, Charles de La Tour fait construire le fort La Tour à l'embouchure du fleuve Saint-Jean (aujourd'hui Saint John, Nouveau-Brunswick)[27]. Il nomme Jean-Daniel Chaline au commandement du fort, que l'on nomme aussi le fort Sainte-Marie.

La colonie prend racine (1632-1654)

Le 29 mars 1632, lors de la signature du traité de paix de Saint-Germain-en-Laye, l'Angleterre rend les colonies françaises d'Amérique du Nord à la France. Dès lors, les tentatives de colonisation reprennent de plus belle avec la Compagnie de la Nouvelle-France, dite la Compagnie des Cent-Associés, fondée par Armand Jean du Plessis, mieux connu sous le nom du cardinal Richelieu.

> *Richelieu avait exigé que les colons destinés à l'Acadie soient Français catholiques et de mœurs irréprochables*[28].

Sir William Alexander, (artiste inconnu), 1640. (Bibliothèque et Archives Canada, MIKAN n° 4312695).

Louis XIII, (artiste inconnu), (Bibliothèque et Archives Canada, MIKAN n° 2908899).

SAVAIS-TU QUE...

Le pape Grégoire XV avait fondé la sacrée congrégation de Propaganda Fide (la propagande de la foi), le 22 juin 1622 ?

L'une de ses tâches est d'enseigner la religion catholique. Il avait choisi les capucins pour le faire en Acadie[29].

SAVAIS-TU QUE...

Le fort Charles avait été construit à une distance de 8 km des ruines de Port-Royal[30] ?

Entre 70 et 75 colons écossais y ont vécu entre 1629 et 1632.

SAVAIS-TU QUE...

Le premier hiver avait été difficile pour les Français en Acadie ?

En effet, 36 des 200 hommes d'élite sont décédés faute de logement adéquat pour l'hiver, mais aussi des suites du scorbut[31].

Isaac de Razilly est nommé lieutenant général du roi et gouverneur de l'Acadie. Selon la *Gazette de Renaudot* du 16 juillet 1632 et du 24 novembre 1632 (publiée en 1633), un bateau affrété à La Rochelle, *Le Don-de-Dieu*, vient rejoindre les trois autres bateaux, *L'Espérance en Dieu*, *Le Saint-Jean* (appartenant à Charles de Menou d'Aulnay) et *Le Saint-Pierre*, à Auray, en Bretagne, afin de se rendre en Acadie. Ils quittent le port d'Auray le 23 juillet, avec 300 passagers, dont 200 hommes[32] d'élite, « trois *Capucins* pour la conversion des peuples de *Lacadie*[33] », ainsi que de 12 à 15 familles pour coloniser l'Acadie. De Razilly installe la nouvelle colonie à La Hève (aujourd'hui La Have, Nouvelle-Écosse), le 8 septembre 1632, où ils construisent le fort Sainte-Marie-de-Grâce.

Cardinal Richelieu, artiste inconnu, vers 1650. (Bibliothèque et Archives Canada, MIKAN n° 2877677).

De son côté, Nicolas Denys s'installe à Port-Rossignol (aujourd'hui Liverpool, Nouvelle-Écosse) pour s'adonner au commerce de la pêche. Quant à Charles de Menou d'Aulnay, il va se rendre en France presque chaque année, où il emmène des cargaisons de fourrures, de poissons ou des mâts. Puis, il revient en Acadie avec des ravitaillements et des nouvelles recrues pour la colonie acadienne.

Quelque temps après leur arrivée, de Razilly envoie des hommes s'emparer de la colonie écossaise de fort Charles. Les quarante-six Écossais qui restaient sont **déportés** en Angleterre sur l'un des bateaux de Razilly, tel que rapporté dans la *Gazette de Renaudot*, le 11 février 1633[34]. Quant à Charles de La Tour, il retourne en France pour faire clarifier son titre de gouverneur et lieutenant général de l'Acadie ainsi que pour distinguer son territoire de celui de Razilly. Ce dernier gère la région de La Hève, de Port-Royal et de la région de Pentagouët. Alors que de La Tour gère la région du Cap-Sable et du fleuve Saint-Jean[35]. Au printemps 1633[36], Charles de La Tour rentre en Acadie. En 1634, Razilly concède à Nicolas Denys une terre boisée de chênes blancs à La Hève, pour lui permettre d'exploiter une entreprise de **bois ouvré** destinée à la construction des navires en France.

Les Français se sont aussi intéressés à l'immense territoire pour la traite des fourrures et la pêche, s'étendant de Canseau à la baie des Chaleurs. En 1633, le Cap-Breton est concédé à Pierre Desportes où les jésuites établissent la mission Sainte-Anne et la mission Saint-Pierre. En 1634, le fort Saint-François est construit à Canseau, à la demande de Claude de Launay-Razilly[37], et c'est Nicolas Le Creux qui en assure le commandement[38]. En 1635, deux jésuites sont envoyés à Miscou où ils fondent la mission Saint-Charles[39].

PASSE À L'ACTION

Fais une recherche pour comprendre pourquoi la colonisation de l'Acadie est encore marquée par cette guerre de religion, même si elle était finie depuis 1598.

POINT DE VUE

As-tu remarqué le nom des navires qui ont transporté les futurs habitants de l'Acadie ?

D'après toi, pourquoi ces noms ont-ils été choisis ?

PASSE À L'ACTION

Investigue ! Pourquoi les colons de Plymouth sont nommés les Pèlerins ?

Comment ces puritains considèrent-ils les catholiques ?

Voient-ils d'un bon œil l'arrivée des Français catholiques en Acadie ?

SAVAIS-TU QUE…

Ça prend environ trois ans, après avoir construit une digue, pour que la terre d'un marais salant devienne cultivable[40] ?

Ceci veut dire que les premiers agriculteurs en Acadie se sont installés à Port-Royal et ont construit les premières maisons vers 1639. Marie de Menou, fille de Charles de Menou d'Aulnay et de Jeanne Motin, est baptisée à Port-Royal le 21 septembre 1639, et les premiers syndics sont Michel Boudrot et Claude Petitpas[41].

SAVAIS-TU QUE…

C'est le cardinal Richelieu qui avait fondé la Compagnie de la Nouvelle-France, dite la Compagnie des Cent-Associés ?

Fondée en 1627, le but de cette compagnie était de coloniser les territoires français de l'Amérique du Nord.

Le projet de Port-Royal

La même année, de Razilly projette de déplacer la colonie à Port-Royal. Il mandate son frère Claude de Launay-Razilly d'engager des « *sauniers* et bâtisseurs de marais-salants[42] ». Le 1er mars 1636, deux d'entre eux signent leur contrat d'engagement auprès du notaire Juppin, à La Rochelle : Jean Cendre, époux de Perrine Baudry, de Marennes en France, et Pierre Gaborit, de Tasdon (près de La Rochelle). Un mois plus tard, le 1er avril 1636, il y a trois autres sauniers parmi les passagers du *Saint-Jean* : Jehan Provost, François Baudry et Pierre Prault[43]. Ces cinq hommes sont donc engagés pour construire les *digues et les aboiteaux** tout au long de la rivière Dauphin à Port-Royal. Ils arrivent vers la fin mai à La Hève et commencent la construction des digues au mois de juin 1636.

La colonie du fort Sainte-Marie-de-Grâce à La Hève poursuit son développement, tout en commençant le développement de Port-Royal, et ce, jusqu'à la mort de Razilly, le 2 juillet 1636[44], à La Hève. Les quelques colons *défrichent* leur terre. De plus, la traite des fourrures, la pêche et l'industrie du bois ouvré de Nicolas Denys profitent aux bénéfices de la colonie acadienne[45]. Après la mort de Razilly, c'est Charles de Menou d'Aulnay, son cousin, qui assure sa succession comme gouverneur de l'Acadie. C'est alors que Charles de Menou d'Aulnay met

---

* Voir la figure au chapitre 1, page 20.

progressivement fin aux activités économiques de La Hève en déplaçant la colonie à Port-Royal où le développement agricole y serait plus favorable ; les premières terres sont prêtes pour l'agriculture vers 1639[46]. En conséquence, ce déplacement de la colonie déclenche un conflit entre Charles de Menou d'Aulnay et Nicolas Denys.

Rivalité territoriale de l'Acadie

En 1635, Charles de la Tour quitte le fort Saint-Louis pour s'installer au fort Sainte-Marie, mieux connu sous le nom du fort La Tour, à l'embouchure du fleuve Saint-Jean, et ce, afin de protéger son territoire pour la traite des fourrures. L'année suivante, Charles de la Tour reçoit la concession de Pentagouët par la Compagnie de la Nouvelle-France. Toutefois, ce territoire appartenait à Isaac de Razilly, donc à son héritier Charles de Menou d'Aulnay. Le changement de gouvernance déclenche une rivalité territoriale et économique entre Charles de Menou d'Aulnay et Charles de La Tour. De plus, le conflit entre Nicolas Denys et Charles de Menou d'Aulnay met un frein aux efforts de colonisation de l'Acadie entre 1636 et 1650.

VERS D'AUTRES DÉCOUVERTES

Sais-tu qui est saint Jean-Baptiste ?

Fais une recherche pour connaître quel a été son rôle dans l'histoire des chrétiens.

SAVAIS-TU QUE...

L'église de Port-Royal avait été nommée en l'honneur de saint Jean-Baptiste ?

De plus, c'est le 24 juin que se célèbre la Saint-Jean-Baptiste.

SAVAIS-TU QUE...

Le fort Saint-François à Canseau avait été attaqué en 1635 par les troupes de Jean Thomas, un capitaine de pêche, et ce, à l'aide des Mi'kmaq[47] ?

Le commandant Nicolas Le Creux a même été blessé pendant l'attaque. Par la suite, il est retourné en France. Il est revenu avec sa famille en 1636. Ils étaient passagers du Saint-Jean.

La rencontre de Françoise-Marie Jacquelin et de Charles de la Tour, par Charles William Jefferys (1869-1951). (Bibliothèque et Archives Canada, MIKAN nº 2898997)

SAVAIS-TU QUE...

John Winthrop, gouverneur du Massachusetts, écrivait un journal personnel ?

Dans son journal daté de 1630 à 1649, il fait mention de ses relations avec les deux gouverneurs d'Acadie : Charles de Menou d'Aulnay et Charles de La Tour.

À l'été 1643, Winthrop accuse Menou d'Aulnay de distribuer des fusils et des minutions « aux autochtones dans le but de possibles attaques contre le Massachusetts[49]. »

À l'hiver 1639, Guillaume Desjardins Saint-Val, procureur de Charles de La Tour, demande à Françoise-Marie Jacquelin d'épouser de La Tour. Elle accepte et le contrat de mariage est rédigé par les notaires Beauvais et Beaufort le 31 décembre 1639, à Paris. Au printemps, accompagnée de deux servantes, Françoise-Marie embarque sur le bateau L'Amitié de La Rochelle, affrété par Desjardins Saint-Val le 23 mars, et se rend au fort La Tour où elle épouse Charles de La Tour[48].

L'un après l'autre, de La Tour et Menou d'Aulnay créent des alliances avec les autorités du Massachusetts. En effet, le 8 novembre 1641, de La Tour conclut un pacte économique et militaire avec le gouverneur Winthrop à Boston. De La Tour veut un libre marché avec les marchands anglais, mais aussi l'assistance de soldats anglais pour se défendre contre de Menou d'Aulnay. En août 1643, de La Tour attaque Port-Royal avec l'aide de militaires bostoniens, en représailles au blocus que de Menou d'Aulnay avait tenu à l'embouchure du fleuve Saint-Jean. Le moulin de Port-Royal est incendié. Trois hommes de Menou d'Aulnay décèdent pendant la bataille. Alors que trois hommes de La Tour sont blessés[50]. L'année suivante, une entente de paix et un partenariat commercial sont signés le 8 octobre 1644 entre le missionnaire François-Marie de Paris, un capucin demeurant à Port-Royal, représentant de Menou d'Aulnay, et le gouverneur Winthrop à Boston[51].

En avril 1645, alors que Charles de la Tour est à Boston par affaires, Menou d'Aulnay décide d'attaquer le fort de La Tour. C'est Françoise-Marie Jacquelin, l'épouse de La Tour, qui est aux commandes du fort et dirige une quarantaine d'hommes pendant l'affrontement armé. Le 16 avril, elle capitule à bout de force. Tous les hommes survivants à l'attaque sont pendus et le fort est détruit. Françoise-Marie Jacquelin est fait prisonnière et décède trois semaines plus tard[52]. Lorsque de La Tour apprend la nouvelle, il part se réfugier à Québec. Entre-temps, en avril 1645, la Compagnie de Miscou donne à Nicolas Denys un bail d'une durée de neuf ans pour l'exploitation de l'île du même nom. Un mois plus tard, de Menou d'Aulnay envoie des hommes armés pour s'emparer de Miscou[53]. Il leur faut deux ans pour connaître le dénouement de cette histoire. En effet, en 1647, la Couronne accorde les droits exclusifs de la traite des fourrures à de Menou d'Aulnay[54]. C'est ainsi que Charles de Menou d'Aulnay devient le gouverneur de tout le territoire de l'Acadie.

> **PASSE À L'ACTION**
> Fais une liste des femmes acadiennes qui ont marqué l'histoire.

Le gouverneur John Winthrop.
Source : James Grant Wilson et John Fiske, *Appletons' Cyclopædia of American Biography*, vol. 6 (Sunderland-Zurita), New York, D. Appleton and Compagny, 1889, p. 572.

Les premières familles acadiennes

En tant que gouverneur de l'Acadie, Charles de Menou d'Aulnay fait venir quelques familles françaises en Acadie. Dans son recueil intitulé Extrait et mémoire de ce que le sieur d'Aulnay a fait dans la Nouvelle France, Menou d'Aulnay décrit la situation en Acadie en 1644 :

SAVAIS-TU QUE...

La population établie dans la baie du Massachusetts s'élevait à 11 000 habitants en 1645[55] ?

SAVAIS-TU QUE...

C'est en 1640 que les capucins avaient fondé la première école primaire pour les garçons ?

La même année la première école primaire pour les filles était construite, mais il manquait une enseignante. À l'été 1644 Madame de Brice, une veuve d'Auxerre en France, serait embarquée sur *Le Grand Cardinal* à la demande du père Pacifique de Provins pour éduquer les filles en Acadie. Elle est arrivée à Port-Royal à la fin de l'été de 1644[56].

Sans école, les capucins étaient aussi responsables de l'éducation des enfants au fort Sainte-Marie (fort La Tour), mais aussi à Pentagouët, à La Hève, à Canseau et à Nipisiguit[57].

> [D]eux cens hommes, tant soldats, laboureurs, que autres artisans, sans compter les femmes et les enfants, ni les Capucins ni les enfans sauvages. Il y a en outre vingt ménages[58] *françois qui sont passés avec leurs familles, pour commencer à peupler les pays, dans lesquels ledit sieur d'Aulnay en feroit passer bien davantage, s'il avait plus de bien. Pour nourrir quatre cens bouches, il faut beaucoup dépenser, et maintenir trois forts,* **freter** *trois ou quatre vaisseaux tous les ans pour le transit*[59].

Voici une liste des familles connues en Acadie, en 1644[60] :

1. Martin Aucoin (veuf de Barbe Minguet) et Marie Sallé[61]
2. Charles Bernard et Andrée Guyon[62]
3. Jean Blanchard et Radegonde Lambert
4. Michel Boudrot et Michelle Aucoin
5. Antoine Bourg et Antoinette Landry
6. Jacques Bourgeois et Jeanne Trahan
7. Jean Cendre et Perrine Baudry[63]
8. Germain Doucet et son épouse
9. Denis Gaudet et Martine Gauthier
10. Jean Gaudet et son épouse[64]
11. François Gautrot / Gaudreau (veuf de Marie...) et Edmée Lejeune
12. Famille Lejeune (les enfants : Edmée et Catherine)
13. Pierre Martin et Catherine Vigneau
14. Monsieur Mercier et Françoise Gaudet
15. Simon Pelletret et Perrine Bourg
16. Isaac Pesseley et Barbe Bajolet
17. Jean Thériot et Perrine Rau[65]
18. Guillaume Trahan et Françoise Corbineau

Note : Les deux familles non identifiées seraient probablement retournées en France en 1654, après la capitulation de Port-Royal.

La mort du gouverneur de l'Acadie

Le 24 mai 1650, le canot de Menou d'Aulnay chavire et il se noie dans le bassin de Port-Royal[66]. À ce moment, il n'y avait seulement qu'« entre 45 et 50 familles, une soixantaine d'hommes, engagés et soldats, au total plus de 300 habitants[67] » en Acadie. Dans les archives, il y a un document fort important, daté du 5 octobre 1687, qui décrit les réalisations de Charles de Menou d'Aulnay dans son rôle de gouverneur de l'Acadie entre 1636 et 1650.

> *Nous, Michel Boudrot, lieutenant général en Acadie, avec les anciens habitants du pays, je certifie que feu messir d'Aunay Charnisay, anciennement gouverneur pour le roi sur la côte d'Acadie, fit construire trois forts sur ladite côte; le premier à Pentagouët, le second à la rivière Saint-Jean et le troisième à Port-Royal; lesquels forts étaient bien fournis de tous les canons et de toutes les munitions nécessaires; et avec trois cents hommes ordinaires pour défendre les susdits forts.*
>
> *Nous certifions aussi que ledit dernier sieur d'Aulnay Charnisay ordonna la construction de deux moulins : l'un était un moulin à eau et l'autre un moulin à vent; et ledit sieur ordonna à Port-Royal la construction de cinq **pinnaces**, et plusieurs chalouppes, et deux petits vaisseaux d'environ soixante-dix tonnes chacun; avec deux fermes ou manoirs, et les bâtiments nécessaires; aussi bien maisons d'habitations que granges et étables, et aussi ledit*

PASSE À L'ACTION

Calcule la proportion de la population acadienne avec celle de ses voisins de la baie du Massachusetts.

VERS D'AUTRES DÉCOUVERTES

Sais-tu en quelle année a été construite l'école de ton quartier?

Sais-tu qui est responsable de la construction de l'école de ton quartier?

Est-ce des religieux ou des religieuses, ou des membres de la communauté?

Connais-tu des personnes de ta famille qui ont fréquenté des écoles séparées, soit seulement pour les garçons ou seulement pour les filles?

> sieur défunt ramena de France, à ses dépens, plusieurs familles dont la plus grande partie existe encore ; qu'il établit et entretint à ses propres frais.
>
> Nous certifions aussi également que ledit dernier sieur entreprit plusieurs autres établissements, comme : La Hève, Miscou, Sainte-Anne, lesquelles entreprises furent commencées et soutenues pendant plusieurs années par ledit feu sieur d'Aulnay de Charnisay, à grande dépense et avec d'excessives charges, comme cela apparaît encore à ce jour, quoique subséquemment les Anglais eussent ruiné les forts, emporté les canons et pillé plusieurs des habitants ; ayant réduit les enfants dudit sieur de Charnisay et leur mère à mendier, ils les obligèrent à se retirer en France, sans aucun secours. Le défunt sieur de Charnisay ayant été noyé quatre ans avant, dans la rivière de Port-Royal.
>
> Tout ce qui est ci-dessus nous le certifions être vrais, car nous l'avons vu ; en foi de quoi nous avons signé à Port-Royal, le 5 octobre 1687, en présence de M. de Menneval, gouverneur pour le roi de toute l'Acadie, et de M. Petit, grand vicaire de Sa Grandeur l'évêque de Québec, et curé de ladite place de Port-Royal[68].

Les signataires sont Michel Boudrot, François Gautrot, Jacques Bourgeois, Pierre Martin, Mathieu Martin, Claude Thériot, ainsi que Philippe Mius d'Entremont, procureur du Roi. Ceux qui laissent leur marque sont Antoine Bourg, Pierre Doucet, Daniel LeBlanc et Abraham Dugas. Ceci démontre qu'ils sont arrivés en Acadie avant 1650, à l'exception de Philippe Mius d'Entremont qui agit comme procureur du Roi en 1687. Ce dernier arrive en Acadie en 1651, donc après la mort de Charles de Menou d'Aulnay.

Le nouveau gouverneur de l'Acadie

Après la mort de d'Aulnay, Charles de La Tour quitte Québec en direction de la France pour reprendre son titre reçu le 8 février 1631. En effet, il est nommé gouverneur de l'Acadie par le roi, le 27 février 1651[69]. Il fait enregistrer des *lettres patentes*, le 6 juin 1651, à La Rochelle, qui le confirment comme « gouverneur et lieutenant général en tous les païs, territoires, costes et confins de l'Acadie[70]. » Ensuite de La Tour, ses engagés, ses soldats et quelques familles, dont celle de Philippe Mius d'Entremont, quittent la France en direction de l'Acadie à bord du navire *Le Fort*[71]. Ils accostent en Acadie le 23 septembre[72]. Dès leur arrivée, sieur de La Tour présente ses titres à la veuve d'Aulnay.

Quelques mois plus tard, pour régler les problèmes de succession de d'Aulnay, Charles de La Tour épouse Jeanne Motin, la veuve d'Aulnay, le 24 février 1653 à Port-Royal, en présence, entre autres, de Germain Doucet et de Jacques Bourgeois. Toutefois, ce mariage ne règle rien…

À l'été 1653, Emmanuel Le Borgne, le *créancier* de d'Aulnay, arrive en Acadie pour réclamer une somme de 260 000 livres.

Charles de Menou d'Aulnay (1604?-1650), en 1642, Musée du Nouveau-Brunswick à Saint-Jean. Collection Webster Canadiana W987.

SAVAIS-TU QUE…

L'église de Saint-Jean-Baptiste de Port-Royal avait été incendiée par les Anglais lors de l'attaque de 1654 ?

Le précieux registre contenant les noms de plusieurs ancêtres acadiens et les lieux de leur origine serait parti en fumée[73].

SAVAIS-TU QUE…

En 1653, Philippe Mius d'Entremont avait reçu la baronnie de Pobomcoup (aujourd'hui Pubnico en Nouvelle-Écosse) ?

Son territoire s'étendait de Yarmouth au Cap-Noir en Nouvelle-Écosse.

Le 30 août 1653, Le Borgne profite de l'absence de La Tour pour faire signer une reconnaissance de dettes auprès de la veuve d'Aulnay. Le Borgne saisit « les biens des héritiers de d'Aulnay en Acadie et dans les ports de France », ferme l'école des filles de Madame de Brice et les pères récollets quittent Port-Royal[74]. De plus, Le Borgne s'empare des postes de Pentagouët, de La Hève, de Saint-Pierre au Cap-Breton et de Nipisiguit (aujourd'hui Bathurst, Nouveau-Brunswick)[75]. Cette manœuvre déclenche un conflit entre Emmanuel Le Borgne, Nicolas Denys et Charles de La Tour. Puis, le 3 décembre 1653, Nicolas Denys reçoit la concession du vaste territoire s'étendant de Canseau au Cap-des-Rosiers (en Gaspésie, Québec)[76]. Ensuite, le 30 janvier 1654, Nicolas Denys devient gouverneur et lieutenant général du même territoire nommé *La Province de La Grande Baie de Saint-Laurent*[77].

Les Anglais s'emparent de l'Acadie

Malgré le fait que la France et l'Angleterre ne soient pas en guerre et malgré le deuxième acte de paix signé entre Menou d'Aulnay et Winthrop, le 28 septembre 1646[78], un marchand et soldat bostonien, Robert Sedgwick, attaque et s'empare du fort La Tour en juillet 1654, avec l'aide de 170 hommes. Ensuite, il attaque et s'empare de Port-Royal, qui capitule le 16 août. Puis il se dirige avec ses hommes au fort de Pentagouët qui capitule le 2 septembre. La colonie acadienne repasse donc aux mains des Anglais après 22 ans de possession française.

Les conquérants anglais laissent « Port-Royal sous la direction d'un conseil des habitants de l'endroit, présidé par Guillaume Trahan[79] », sous la supervision d'un gouverneur militaire, le major John Leverett, gendre de Robert Sedgwick[80]. Les Français d'Acadie prêtent un serment d'*allégeance* au roi d'Angleterre en affirmant « qu'ils ne porteraient plus les armes contre la nation anglaise, et au cas où ils le feraient ils se déclareraient dignes de mort[81] ». Toutefois, tous les Français ne restent pas dans la colonie. Certains ne veulent pas vivre sous le régime anglais et retournent en France. Emmanuel Le Borgne et 220 soldats français sont capturés et envoyés en France. Quant à Charles de La Tour, Sedgwick l'emmène à Londres afin de faire reconnaître son titre de baronnet de la Nouvelle-Écosse reçu en 1630[82].

Voici l'acte de capitulation de Port-Royal, le 16 août 1654 :

John Leverett. Source : Charles Edward Leverett, *A memoir biographical and genealogical, of Sir John Leverett, knt., governor of Massachusetts, 1673-79*, Boston, Crosby, Nichols and company, 1856, page de garde.

> *Entre La Verdure* [Germain Doucet], *commandant de Port-Royal et* **subrogé** *tuteur des enfants mineurs de défunt M. d'Aulnay, et M. Robert Sedgwick, commandant anglais, etc., etc.*
>
> *Le sieur La Verdure sortira hors du fort avec sa* **garnison**, *avec armes et tambours battants, enseigne déployée, balle en bouche, mousquet ou fusil sur l'épaule, mèche allumée par les deux bouts, et leurs bagages, sans qu'ils puissent être fouillés, ni molestés, et*

> *leur sera fourni bâtiment pour leur passage en France, avec leurs **victuailles** pour deux mois.*
>
> *Quant aux enfants, on fait réserve de tous les meubles, immeubles, marchandises et bestiaux qui peuvent leur appartenir.*
>
> *Les habitants auront la liberté de conscience, et de demeurer en leur maison ordinaire, et tous les meubles et immeubles qui leur appartiendront, leur demeureront moyennant la reconnaissance et devoirs seigneuriaux, auxquels ils sont obligés par leurs concessions; avec la liberté de vendre lesdits meubles et immeubles quand bon leur semblera pourvu que ce soit aux sujets anglais, ou aux Français demeurant au pays. Lorsqu'ils auront volonté de retourner en France, le passage leur sera aussi donné, et emporter la valeur de leurs biens. Quant au bétail pris par les soldats anglais, il est et demeure perdu.*
>
> *Les Révérends Pères Missionnaires auront la liberté de retourner en France, et s'ils veulent rester dans le pays, cela leur sera permis, moyennant qu'ils se tiennent éloignés de deux à trois **lieues** de la forteresse.*
>
> *Et pour assurance des articles ci-dessus, le sieur La Verdure a laissé pour otage Me Jacques Bourgeois son beau-frère, et lieutenant de la place; et le sieur Emmanuel Le Borgne le fils, jusqu'à l'accomplissement du traité*[83].

Les signataires anglais sont Robert Sedgwick, Robert Salem, Marke Harrison, Robert Martin et Richard Morse. Les signataires français sont Léonard de Chartres, « Révérend Père [et] vice-préfet de la mission », Guillaume Trahan, syndic des habitants, Jacques Bourgeois[84] et Emmanuel Le Borgne, fils.

Liste des gouverneurs et administrateurs de l'Acadie

• Pierre Du Gua de Mons		1603 à 1607
• Jean de Biencourt de Poutrincourt et de Saint-Just		1607 à 1614
• Charles de Biencourt de Saint-Just		1614 à 1623
• Charles de Saint-Étienne de La Tour (Charles de La Tour)		1623 à 1631
• Isaac de Razilly	• Charles de Saint-Étienne de La Tour	1632 à 1635
• Charles de Menou d'Aulnay	• Charles de Saint-Étienne de La Tour	1635 à 1650
• Charles de Saint-Étienne de La Tour		1651 à 1654

Source : Nicolas Landry et Nicole Lang, *Histoire de l'Acadie*, Québec, Septentrion, 2001, p. 35.

PASSE À L'ACTION

Écris un résumé de l'histoire des Acadiens à partir des dates à retenir (voir p. 59).

POINT DE VUE

Comment qualifies-tu cette première partie de l'histoire acadienne ? Est-ce une réussite ?

D'après toi, quels ont été le ou les obstacles à la colonisation de l'Acadie entre 1604 et 1654 ?

POINT DE VUE

Quel gouverneur a été le meilleur au niveau de la colonisation de l'Acadie ?

D'après toi pourquoi n'a-t-on pas plus de portraits des gouverneurs acadiens ?

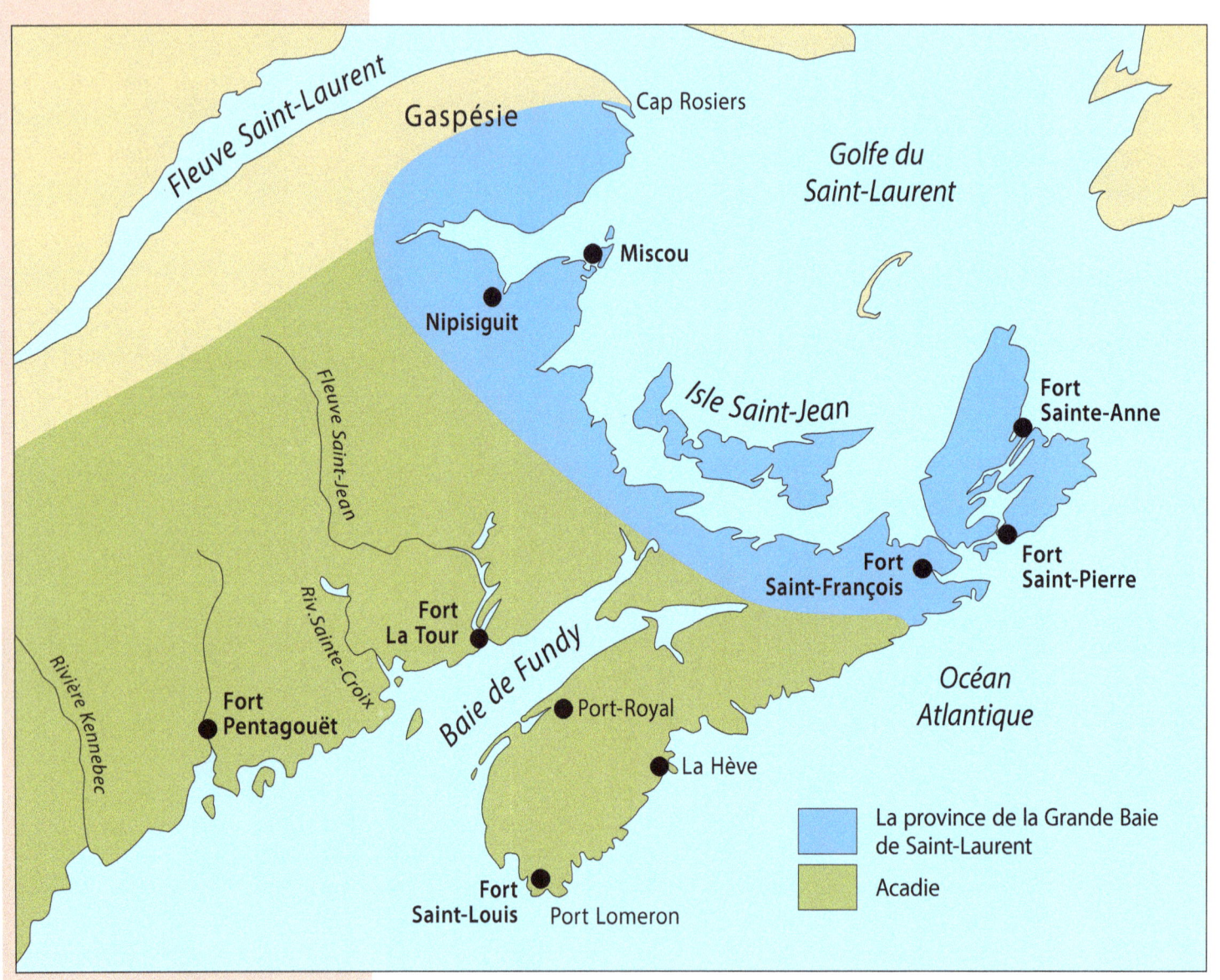

Carte de l'Acadie et de « La Province de La Grande Baie de Saint-Laurent » en 1654.

Les dates à retenir

10ᵉ et 11ᵉ siècles
Des Vikings s'installent à Terre-Neuve.

16ᵉ siècle
Des pêcheurs basques viennent pêcher sur les côtes de l'Amérique du Nord. Ils font la rencontre des Mi'kmaq.

1604 (septembre)
Pierre du Gast, sieur de Mons, parcourt les côtes de l'Amérique du Nord, construit un fort sur l'île Sainte-Croix et fonde l'Acadie.

1605
Construction du premier fort à Port-Royal où la colonie est déplacée.

1613 (octobre)
Samuel Argall et des colons anglais de la Virginie détruisent les établissements français acadiens.

Vers 1617-1618
Les Acadiens, restés à Port-Royal depuis 1613, abandonnent Port-Royal et s'établissent au port Lomeron, qui reste le seul bastion français en Acadie jusqu'en 1632.

1621 (10 septembre)
Jacques VI d'Écosse concède l'Acadie à Sir William Alexander et donne le nom de Nouvelle-Écosse à l'Acadie.

1632 (29 mars)
Traité de Saint-Germain-en-Laye : l'Angleterre restitue l'Acadie et la Nouvelle-France à la France.

1636-1640
Menou d'Aulnay déplace la colonie à Port-Royal, près de l'ancien site.

1654 (30 janvier)
Nicolas Denys reçoit la concession et devient gouverneur et lieutenant général du vaste territoire nommé *La Province de La Grande Baie de Saint-Laurent*.

1654 (16 août)
Port-Royal capitule et l'Acadie passe aux mains des Anglais.

Chapitre 3

Le développement et les bouleversements de l'Acadie (1654-1710)

Vue de la ville et du fort d'Annapolis Royal,
par le capitaine John Hamilton, entre 1753-1755
(Bibliothèque et Archives Canada, MIKAN nº 2895885).

> **SAVAIS-TU QUE...**
>
> La guerre avait éclaté entre l'Angleterre et la Hollande en 1652 ?
>
> Lors de cette guerre, en 1654, Oliver Cromwell avait demandé à Robert Sedgwick de s'emparer de la Nouvelle-Amsterdam, sur l'île de Manhattan, une colonie hollandaise, qui deviendra plus tard New York. Toutefois, l'acte de paix a été signé le 5 avril 1654. Dès lors, Sedgwick est parti attaquer l'Acadie[1].
>
> **SAVAIS-TU QUE...**
>
> Des ravitaillements avaient été envoyés en Acadie de La Rochelle, en France, en 1656, en 1657, en 1658, en 1659, en 1661 et en 1666[2] ?
>
> Auparavant, au moins un bateau était envoyé chaque année.

Dans ce chapitre, tu vas constater que les Acadiens ont dû apprendre à vivre sous le régime anglais entre 1654 et 1670. Souvent privés des ravitaillements de France, les Acadiens développent des échanges commerciaux avec les Bostoniens. Lorsque l'Acadie est redevenue officiellement française, les autorités décident de développer un axe commercial entre Québec et Port-Royal, afin de mettre fin à la relation commerciale avec Boston. L'Acadie va ensuite poursuivre son développement jusqu'aux attaques de Phips en 1690. Dès lors, l'Acadie revit une autre période de domination anglaise jusqu'à son retour à la France en 1697. Cinq années plus tard, la guerre de Succession d'Espagne éclate en Europe et l'Acadie se fait attaquer régulièrement jusqu'à sa capitulation finale en 1710.

La deuxième période anglaise

Le 3 novembre 1655, la France demande à l'Angleterre de lui rendre l'Acadie lors du Traité de Westminster[3] (voir la page 64). Toutefois, l'Angleterre refuse puisqu'elle revendique que le territoire lui appartient depuis 1497, soit depuis la découverte de Jean Cabot. Malgré cette conquête anglaise, Nicolas Denys conserve son territoire de *La Province de La Grande Baie de Saint-Laurent*[4]. En Angleterre, Oliver Cromwell sépare le territoire acadien, renommé la Nouvelle-Écosse, en deux. En effet, le 9 août 1656, il concède à Charles de La Tour, par son titre de baronnet reçu en 1630, le territoire qui s'étend de Canseau au port La Tour, soit toute la côte sud-est de l'Acadie. Toutefois, cette concession a été faite à la condition que de La Tour rembourse à Robert Sedgwick 1 800 *livres sterling*, soit le coût de la conquête de l'Acadie[5]. L'autre partie du territoire acadien, Cromwell la concède à Sir Thomas Temple et au colonel William Crowne, c'est-à-dire le territoire qui entoure la baie Française, soit de Port-Royal à Pentagouët. Le 18 septembre, Cromwell donne l'ordre que le fort de Pentagouët et celui de Saint-Jean soient remis à Thomas Temple. Ceci confirme que ces deux forts ne sont plus à de La Tour comme auparavant[6]. À ce moment, c'est Sir Thomas Temple qui devient le gouverneur de la Nouvelle-Écosse. Toutefois, Temple dirige la colonie à distance, soit de Boston. C'est le major John Leverett qui veille à ce que tout se déroule bien en Nouvelle-Écosse[7]. Cependant, les trois administrateurs que sont Sir Thomas Temple, Charles de La Tour et Nicolas Denys ne s'occupent pas de la colonisation ; ils sont uniquement intéressés par les revenus de la traite des fourrures et de la pêche.

Pendant cette période, les Acadiens n'ont pas d'autre choix que de développer des relations économiques avec leurs voisins anglais et bostoniens, puisque les bateaux chargés de ravitaillements provenant de France accostent rarement. Les Acadiens

> **VERS D'AUTRES DÉCOUVERTES**
>
> Pars à la découverte de la Nouvelle-Amsterdam, de la Nouvelle-Hollande et de la Nouvelle-Suède.
>
> Quelle est la date de leur fondation ?
>
> Quelles étaient leurs frontières ?
>
> Pourquoi ces colonies n'existent plus aujourd'hui ?

habitués de vivre aux côtés des Mi'kmaq doivent maintenant apprendre à vivre en *coexistence* avec les Anglais[10].

> **SAVAIS-TU QUE…**
>
> Les missionnaires capucins, les prêtres de Port-Royal avaient quitté l'Acadie en 1655 ?
>
> Entre 1655 et 1674, les Acadiens n'ont pas eu droit aux services religieux. À l'époque, la religion était très importante et faisait partie de la vie quotidienne. Malgré tout, les Acadiens continuaient à se rassembler le dimanche pour prier. En 1674, l'évêque de Québec a envoyé à Port-Royal le père Claude Moireau, récollet[8].
>
> **SAVAIS-TU QUE…**
>
> Quelques hommes étaient venus s'installer en Acadie pendant la période anglaise (1654-1670) ?
>
> En effet, l'Irlandais Roger Casey (Caissie, Quessy, Kuessy), les Anglais John Peters (Jean Pitre) et Lawrence Granger, ainsi que le Hollandais Gereyt de Forest (Michel de Forest). À l'exception de Roger Casey qui était catholique, ces hommes protestants ont dû se convertir à la religion catholique avant d'épouser une Acadienne[9].

Le Traité de Westminster et la clause 25 où le roi de France demandait la restitution de l'Acadie à la France.

Source : Étienne de Silhouette, Augustin-Félix-Elisabeth Barrin La Galissonnière et Jean Ignace de La Ville, *Mémoires des commissaires du Roi et de ceux de sa Majesté Britannique : Sur les possessions & les droits respectifs des deux Couronnes en Amérique avec les actes publics & pièces justificatives. Tome second, contenant les Traités & Actes publics concernant l'Amérique en général, & les Pièces justificatives des Mémoires sur les limites de l'Acadie*, Paris, de l'Imprimerie Royale, 1755, p. 10 et 28.

Chapitre 3   Le développement et les bouleversements de l'Acadie (1654-1710)

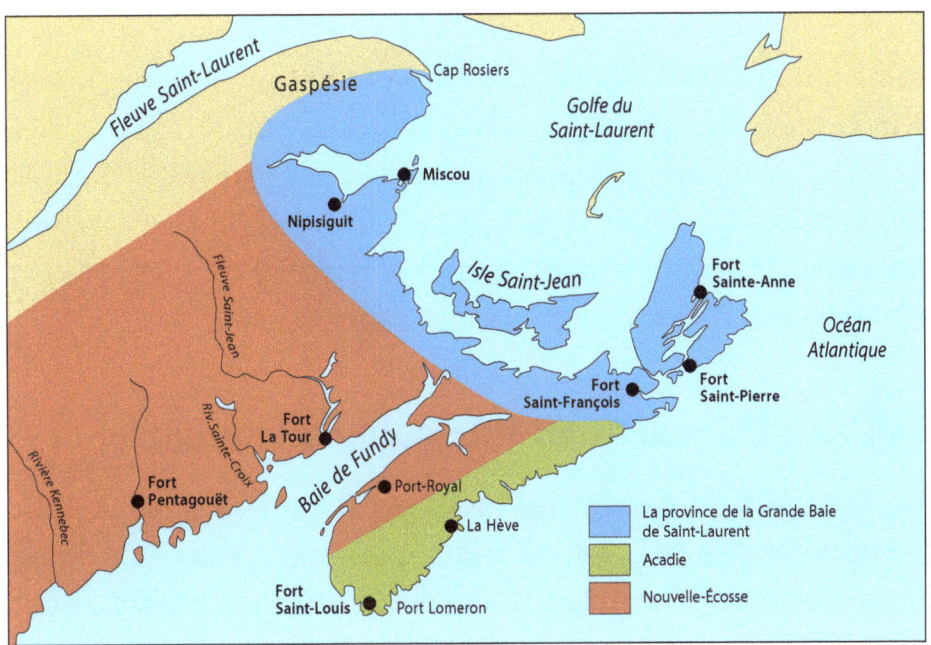

Carte de la Nouvelle-Écosse, de l'Acadie et de La Province de La Grande Baie de Saint-Laurent, après le traité de Westminster le 3 novembre 1655.

Un nouveau gouverneur français pour l'Acadie

Tel que déclaré lors du Traité de Westminster, la France considère toujours que l'Acadie lui appartient. La Compagnie de la Nouvelle-France nomme donc le nouveau gouverneur de l'Acadie, Emmanuel Le Borgne, le 10 décembre 1657. Marchand à La Rochelle, en France, c'est lui qui était le créancier de l'ancien gouverneur de Menou d'Aulnay. Il succède ainsi à de La Tour qui est dorénavant baronnet de la Nouvelle-Écosse. Ne pouvant se rendre lui-même en Acadie, Emmanuel Le Borgne envoie son fils Alexandre Le Borgne de Belle-Isle. En mai 1658,

> **SAVAIS-TU QUE...**
>
> La famille protestante de Pierre Melanson dit de La Verdure et de son épouse Priscilla (nom de famille inconnu), de la paroisse *St. Martin in the Fields* (Saint-Martin-des-Champs), à Westminster (Londres), Angleterre, va s'installer en Acadie en 1657 ?
>
> Leurs fils Pierre et Charles vont se convertir à la religion catholique pour épouser une Acadienne.
>
> Lors du traité de Bréda en 1667, Pierre Melanson dit de La Verdure, son épouse Priscilla et leur fils John quittent l'Acadie pour s'installer à Boston au Massachusetts. En fait, Pierre Melanson dit de La Verdure est un Français qui avait fui les guerres de religion en France pour s'installer en Angleterre vers 1628.
>
> Quelques années plus tard, il y a épousé Priscilla. Puis, le 28 juin 1655, Pierre obtient sa citoyenneté anglaise[11].

SAVAIS-TU QUE...

Jemseg venait de la langue malécite : Ad-jim-sek. Ceci veut dire « rassemblement »[12]. Belleisle en Nouvelle-Écosse doit son nom à un ancien gouverneur de l'Acadie[13] ? Eh oui, Alexandre Le Borgne de Belle-Isle a été gouverneur de l'Acadie de 1668 à 1669.

SAVAIS-TU QUE...

C'est pendant la période anglaise (1654-1667) que les Acadiens de Port-Royal avaient construit la chapelle Saint-Laurent, en remplacement de l'église brûlée en 1654 ?

Elle a été construite en amont de la rivière Dauphin, soit entre le *hameau* LeBlanc et le hameau Beaulieu (aujourd'hui entre Belleisle et Upper Granville, Nouvelle-Écosse)[14]. La chapelle était plus précisément à l'ouest du hameau Comeau, dont les premiers concessionnaires ont été Pierre Comeau et son épouse Rose Bayon[15]. De plus, la fête de Saint-Laurent se célèbre le 10 août.

Alexandre s'empare du fort de La Hève à l'aide d'une cinquantaine d'hommes. Lors de la contre-attaque anglaise organisée par Thomas Temple, Alexandre est blessé, puis fait prisonnier à Londres pendant quelques années[16]. L'année suivante, Temple fait construire un nouveau fort au confluent du fleuve Saint-Jean et de la rivière Jemseg : le fort Jemseg[17]. Puis, vers 1664[18], Charles de La Tour décède au fort Saint-Louis.

L'Acadie redevient une colonie française

En 1664, la Compagnie des Indes occidentales est créée pour prendre le relais de la colonisation. Elle remplace la Compagnie de la Nouvelle-France qui avait été *liquidée* parce qu'elle était trop endettée. Toutefois, les fonctionnaires français sont peu favorables à la colonisation de la Nouvelle-France et de l'Acadie, comme le disait le ministre Jean-Baptiste Colbert dans une lettre adressée à l'intendant Jean Talon, le 5 avril 1666 : « Il ne serait pas de la prudence de dépeupler son Royaume comme il faudrait faire pour peupler le Canada[19]. »

Le 31 juillet 1667, lors de la signature du traité de Bréda, l'Angleterre redonne l'Acadie à la France. L'année suivante, le roi de France envoie Monsieur Morillon

Jean-Baptiste Colbert, Marquis de Seignelay (1619-1683), artiste inconnu, 1787 (Bibliothèque et Archives Canada, MIKAN nº 2877177).

Du Bourg, représentant de la Compagnie des Indes occidentales, pour reprendre l'Acadie. Il est accompagné d'Alexandre Le Borgne de Belle-Isle. À son arrivée, il nomme Le Borgne de Belle-Isle pour diriger la colonie acadienne. Quant à Monsieur Morillon Du Bourg, il reprend le large en direction de Boston pour annoncer la nouvelle à Thomas Temple. Entre-temps, Temple reçoit une lettre du roi d'Angleterre lui demandant de ne pas remettre l'Acadie aux Français tant que le traité de Bréda n'est pas entièrement respecté. À ce moment, l'île Saint-Christophe, dans les Antilles, n'avait pas encore été rendue à l'Angleterre.

La prise de possession de l'Acadie

Lorsque Monsieur Morillon Du Bourg arrive à Boston, il apprend la nouvelle concernant le litige. C'est alors qu'il écrit à Le Borgne de Belle-Isle pour lui expliquer le problème et pour lui demander de retourner en France tant que la situation n'est pas réglée[20]. Le 22 juillet 1669, Hector d'Andigné de Grandfontaine est choisi par une commission du roi pour se rendre à Boston afin de régler la restitution de l'Acadie à la France. Cependant, il n'a pas pu se rendre en Acadie avant l'été suivant. Entre-temps, d'Andigné de Grandfontaine est nommé comme gouverneur d'Acadie pour une durée de trois ans, soit le 20 février 1670. Quelque temps après, il se rend à La Rochelle pour s'embarquer sur le *Saint-Sébastien* en direction de Boston, avec 30 soldats[21]. Il avait avec lui une lettre

> **PASSE À L'ACTION**
>
> Regarde sur une carte géographique de la Nouvelle-Écosse d'aujourd'hui et essaie de repérer où était située la chapelle Saint-Laurent de Port-Royal. Aujourd'hui, il y a une église près de l'ancien site de la chapelle. Il s'agit d'une église de la confession « United Church », c'est-à-dire de l'Église unie du Canada.

Louis XIV, roi de France (1638-1715), artiste inconnu. (Bibliothèque et Archives Canada, MIKAN n° 2935443).

SAVAIS-TU QUE…

Thomas Temple avait un magasin à Port-Royal?

Après son départ en 1670, c'est son neveu John Nelson qui en était responsable jusqu'en 1691[22].

SAVAIS-TU QUE…

L'établissement de Saint-Pierre, au Cap-Breton, avait été détruit par le feu en 1669? Par la suite, Nicolas Denys s'installe à son poste de Nipisiguit. En 1676, son territoire de *La Province de La Grande Baie de Saint-Laurent* est progressivement confisqué. Il décède en 1688[23].

du roi d'Angleterre, Charles II, datée du 6 août 1669, donnant l'ordre à Thomas Temple de lui remettre l'Acadie[24]. La restitution de l'Acadie est signée le 7 juillet 1670 entre Temple et d'Andigné de Grandfontaine. Le fort de Pentagouët est remis le 17 juillet. Par la suite, le nouveau gouverneur de l'Acadie envoie Pierre de Joybert de Soulanges et de Marson, son lieutenant, afin de recevoir le fort Jemseg le 27 août, et ensuite, Port-Royal le 2 septembre 1670. Dès lors, Alexandre Le Borgne de Belle-Isle devient le seigneur de Port-Royal. C'est au fort de Pentagouët que le gouverneur d'Andigné de Grandfontaine choisit pour établir la nouvelle capitale de l'Acadie. C'est un choix stratégique afin que les Anglais sachent où sont les frontières entre la Nouvelle-Angleterre et l'Acadie.

Le recensement de la population en Acadie

L'immigration reprend quelque peu à partir de 1671 sous les instructions de Colbert, qui veut établir plus de familles et de soldats à Port-Royal, au fort Jemseg ainsi que sur toute la côte acadienne[25]. Au printemps de la même année[26], le navire *L'Oranger* quitte Rochefort[27] pour emmener 60 personnes en Acadie, dont une femme et quatre filles. Entre-temps, le père Laurent Molin, curé de Port-Royal, recense 320 personnes à Port-Royal[28].

Ensuite, selon le rapport envoyé par Monsieur Randin au ministre Colbert à Québec, en date du 8 novembre 1671 à Port-Royal, il y a 68 familles, 5 veuves, 227 enfants. Ceci fait un total de

368 personnes vivant à Port-Royal ; donc 48 des 60 passagers de *L'Oranger* se sont établis à Port-Royal. À ce moment, le curé de Port-Royal écrit qu'il y a 392 personnes sur « la Coste de l'Acadie », incluant trois familles et huit enfants à Pobomcoup, une famille avec cinq enfants au Cap-Nègre (aujourd'hui Cap-Noir, Nouvelle-Écosse), près de Cap-Sable, ainsi qu'une famille avec un enfant à la rivière au Rochelois, à l'est du Cap-Nègre[29]. Toutefois, le curé de Port-Royal ne s'est pas inclus dans son dénombrement. De plus, ajoutons quelques personnes qui demeurent dans divers postes de traite ou des forts. Notamment, à Pentagouët, il y a le gouverneur d'Andigné de Grandfontaine, 25 soldats et une famille d'environ cinq personnes. À Mouskadabouët (aujourd'hui Musquodoboit Harbour, Nouvelle-Écosse), il y a 13 personnes. Puis, il y a une famille avec cinq enfants à Saint-Pierre, au Cap-Breton[30]. Au total, 444 personnes demeurent en Acadie en 1671. Le recensement ne mentionne pas s'il y avait des habitants au fort Jemseg, ni à La Hève.

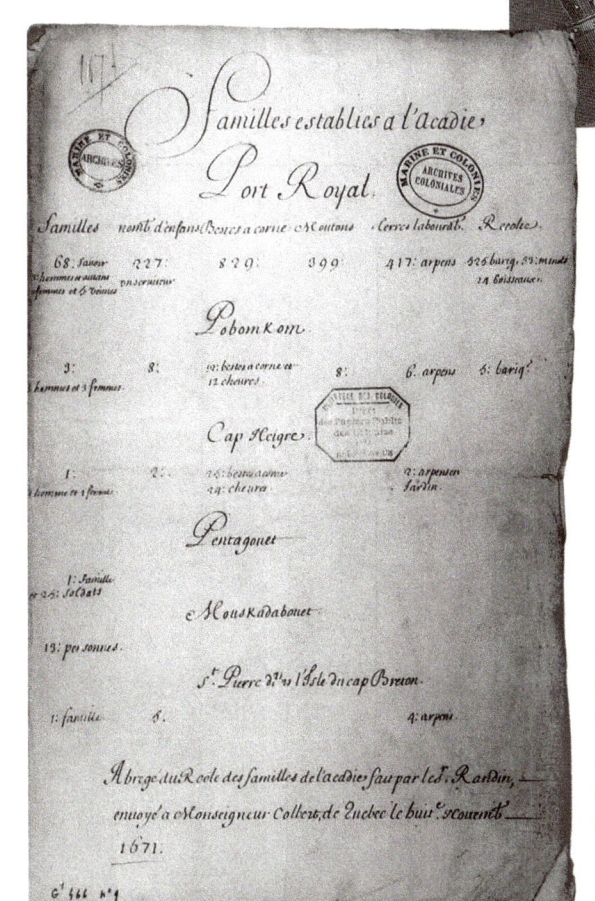

Charles II, roi d'Angleterre (1630-1685), artiste inconnu, 1800 (Bibliothèque et Archives Canada, MIKAN n° 4312644).

Numéro 9. Familles établies à l'Acadie. Abrégé envoyé de Québec à Colbert par le sieur Randin, 8 novembre 1671. (Bibliothèque et Archives Canada, MIKAN n° 2319363).

Des changements administratifs en Acadie

En 1672, l'Acadie connaît plusieurs changements. Le gouverneur d'Andigné de Grandfontaine transfère ses engagés installés à Pentagouët à Port-Royal, qui offrait de meilleures terres[36]. Dès lors, le fort de Pentagouët sert à protéger la frontière acadienne. C'est Jean-Vincent d'Abbadie de Saint-Castin qui commande le fort. Vers 1670, il épouse Mathilde, la fille de Madokawando, le chef des Abénaquis de la région de Pentagouët. Ceci concilie l'alliance entre les Abénaquis et les Acadiens. À Québec, le nouveau gouverneur Louis de Buade, comte de Frontenac, détermine que « l'Acadie est une division administrative de la Nouvelle-France[37] ». Dorénavant, les gouverneurs de l'Acadie vont recevoir des directives du roi de France, mais aussi du gouverneur général de Québec. C'est ainsi que de Frontenac décide d'établir une route, majoritairement navigable, entre Québec et l'Acadie. Malgré cela, l'essor de l'Acadie ne se fait que très lentement, puisque le roi français investit peu ou pas d'argent pour le développement de ses colonies en Amérique du Nord, comme l'écrit le ministre Jean-Baptiste Colbert dans une lettre adressée à l'intendant Jean Talon, le 4 juin 1672 :

> *Sa Majesté ne peut faire cette année aucune dépense pour le Canada. Elle veut que vous acheviez la liquidation des debtes de la communauté de Canada, et pourvoyez aux moyens de les acquitter avant vostre départ. Que vous fassiez autant qu'il vo[us] sera possible la communication du Canada avec l'Acadie*[38].

SAVAIS-TU QUE...

L'arrivée des colons qui étaient sur le navire *L'Oranger* marque le dernier apport démographique en importance en Acadie[31] ?

Par la suite, entre 1672 et 1707, on compte l'arrivée de seulement 45 personnes[32].

SAVAIS-TU QUE...

La Nouvelle-France comptait 6 700 habitants en 1672[33] ?

SAVAIS-TU QUE...

La première concession des terres sur le fleuve Saint-Jean avait été cédée le 17 octobre 1672 ?

C'est Martin d'Aprendestiguy, époux de Jeanne de La Tour (fille de l'ancien gouverneur Charles), qui est devenu le premier seigneur[34]. Il s'était marié à Pentagouët possiblement avant la prise du fort en 1654. Puis, le 20 octobre 1672, les frères Pierre et Jacques Joybert de Soulanges et de Marson ont reçu chacun une seigneurie[35].

Par la suite, l'intendant Talon envoie deux équipes étudier le meilleur trajet, soit à partir de la rivière Kennebec ou celui du fleuve Saint-Jean. Talon veut développer les relations économiques entre Québec et l'Acadie, et ainsi arrêter les échanges économiques entre Boston et l'Acadie. L'intendant Talon choisit le trajet du fleuve Saint-Jean. Seize concessions de seigneurie sont concédées sur le fleuve Saint-Jean entre 1672 et 1697[39], afin de créer des postes de relais entre Québec et l'Acadie[40].

L'Acadie se développe tranquillement

Toujours en 1672, Jacques Bourgeois quitte Port-Royal en vendant une partie de ses terres pour fonder la colonie Bourgeois dans la baie de Chignectou (aujourd'hui Amherst, Nouvelle-Écosse). Il était accompagné de sa famille, notamment son fils Charles et son épouse Anne Dugas. Jacques Bourgeois y construit deux moulins, un pour moudre la farine et l'autre pour scier du bois. Quelque temps après, la petite colonie Bourgeois est concédée en seigneurie à Michel Leneuf de La Vallière et de Beaubassin, soit le 24 octobre 1676. Dès lors, la colonie Bourgeois prend le nom de Beaubassin[41].

À l'automne 1672, après avoir épousé la fille du procureur général de la Nouvelle-France, soit le 17 octobre à Notre-Dame-de-Québec, Pierre de Joybert de Soulanges et de Marson et son épouse Marie-Françoise Chartier de Lotbinière s'installent

Baron St. Castin (Jean-Vincent d'Abbadie de Saint-Castin, 1652-1707). (Bibliothèque et Archives Canada, MIKAN n° 2935599).

PASSE À L'ACTION

La population acadienne représente quel pourcentage en comparaison avec ses voisins de la Nouvelle-France ?

POINT DE VUE

D'après toi, pourquoi l'Acadie reçoit moins de colons français que la Nouvelle-France ?

> **SAVAIS-TU QUE...**
> Chignectou voulait dire « grand marais » en Mi'kmaq[42] ?
>
> **SAVAIS-TU QUE...**
> Des paroissiens de Port-Royal avaient signé un accord le 18 juin 1673 concernant la construction de la nouvelle église à Port-Royal ? L'ancêtre des familles Cyr d'Acadie, Pierre, fait partie des signataires[43]. En fait, c'est le *marguillier* de Port-Royal, Abraham Dugas, qui avait convoqué cette rencontre afin d'organiser le financement de la construction de la nouvelle église. C'est Jacques Couraud, représentant d'Alexandre Le Borgne de Belle-Isle seigneur de Port-Royal, qui a été mandaté pour diriger la construction[44].
> Finalement, le 30 octobre 1678, l'évêque de Québec, Mgr de Laval, officialise la paroisse de Port-Royal[45].

au fort Jemseg, où le gouverneur de Frontenac l'a nommé commandant[46].

Au printemps suivant, le gouverneur d'Andigné de Grandfontaine est rappelé en France le 5 mai 1673. Toutefois, il quitte l'Acadie à l'automne lors de l'arrivée de son successeur et arrive en France en décembre 1673. C'est Jacques de Chambly, capitaine d'une compagnie du régiment de Carignan-Salières, qui devient le nouveau gouverneur de l'Acadie[47].

Une nouvelle attaque

Le nouveau gouverneur de Chambly s'installe à Pentagouët. La vie paisible reprend son cours sans grand bouleversement. Toutefois, le 7 août 1674, des corsaires hollandais, dirigés par Jurriaen Aernoutz et soudoyés par des autorités bostoniennes, attaquent, pillent et démantèlent les forts Pentagouët et Jemseg. Ils capturent le gouverneur de Chambly ainsi que Pierre de Joybert de Soulanges et de Marson, et sont emprisonnés à Boston. En prenant possession des deux forts, d'Aernoutz renomment la région Nouvelle-Hollande. Quant à Jean-Vincent d'Abbadie de Saint-Castin, il réussit à s'enfuir et apporte la mauvaise nouvelle au gouverneur de Frontenac à Québec au mois de septembre. À ce moment, de Frontenac envoie des hommes en Acadie pour constater les dégâts et ramener, entre autres, l'épouse de Joybert et leur fille. La rançon pour délivrer de Chambly et de Joybert est fixée à 1 000 peaux de castor. En mai 1675, soit après neuf mois de captivité, de Frontenac fait libérer de Chambly et de Joybert en payant la rançon[48]. Par la suite, le gouverneur de Chambly est rentré en France et de Joybert, à Québec.

L'Acadie a un nouveau gouverneur

À son arrivée à Québec, de Joybert est réassigné commandant du fort Jemseg par de Frontenac. Il remplace également le gouverneur de Chambly, qui est en France. Dès son retour en Acadie, la capitale passe donc de Pentagouët (démantelée en 1674) au fort Jemseg. De Joybert fait réparer le fort qui avait été détruit par les Hollandais deux ans auparavant. Le 12 octobre 1676, pour ses services rendus, de Joybert reçoit la concession de la seigneurie de Soulanges dite Nachouac (Nashwaak, Nouveau-Brunswick)[49]. Puis, le 3 septembre 1677, Jacques de Chambly est nommé commandant militaire dans les Antilles françaises. Il laisse donc son poste de gouverneur de l'Acadie[50]. C'est Pierre de Joybert de Soulanges et de Marson qui est nommé comme administrateur de la colonie acadienne. De Joybert n'a pu vraiment développer l'Acadie, puisqu'il décède avant le 1er juillet 1678. C'est le seigneur de Beaubassin, Michel Leneuf de La Vallière et de Beaubassin, qui lui succède comme commandant de l'Acadie et déplace la capitale acadienne à Beaubassin. En 1681 de Frontenac, gouverneur général de la

SAVAIS-TU QUE...
La Compagnie des Indes occidentales avait été dissoute en 1674 et qu'un changement administratif important s'est effectué en Acadie?

Depuis la fondation de l'Acadie, le gouverneur était associé à une compagnie marchande qui gérait et finançait la colonie, et ce, avec l'accord du roi. Dès 1674, c'est le roi de France qui nomme un gouverneur et lui accorde tous les pouvoirs d'administrer la colonie acadienne. Ce n'est plus une compagnie marchande. De plus, la Nouvelle-France et l'Acadie sont rattachées au domaine royal[51].

POINT DE VUE
Comment expliques-tu que l'Acadie ne se développe que très peu?

SAVAIS-TU QUE...
C'est le 9 avril 1682 que Robert Cavalier de La Salle avait pris possession d'un vaste territoire? C'est la naissance de la Louisiane[52].

SAVAIS-TU QUE...
La veuve de Pierre de Joybert de Soulanges et de Marson, Marie-Françoise Chartier de Lotbinière, était retournée vivre à Québec avec ses deux enfants en 1678 ?
Leur fille, Louise-Élisabeth de Joybert est né le 18 août 1673, au fort Jemseg. Elle a épousé nul autre que le futur gouverneur de la Nouvelle-France (1703-1725), Philippe de Rigaud de Vaudreuil, le 21 novembre 1690, à Notre-Dame-de-Québec. Leur fils Pierre de Rigaud de Vaudreuil de Cavagnial a été le dernier gouverneur de la Nouvelle-France de 1755 à 1760[53].

SAVAIS-TU QUE...
Selon le rapport de l'intendant Duchesneau, daté du 10 novembre 1679, il n'y avait que 515 personnes en Acadie ?
Tandis que la Nouvelle-France comptait 9 400 personnes en 1679[54] ? Il y avait donc 71 personnes de plus en Acadie qu'en 1671. Alors qu'en Nouvelle-France, il y avait 6 700 habitants en 1672, soit 2 700 personnes de plus.

Nouvelle-France, propose de nommer Leneuf comme gouverneur de l'Acadie, mais l'intendant Jacques Duchesneau refuse cette proposition. Ce n'est que le 5 avril 1683 qu'il devient officiellement le gouverneur de l'Acadie[55].

De nouveaux développements

Du côté de Pentagouët, en 1679, le baron de Saint-Castin reprend le fort qui était tombé cinq ans auparavant[56]. Pendant ce temps, à Beaubassin, la première église est construite en 1679. Elle est nommée Notre-Dame-du-Bon-Secours, soit sept ans après que les premières terres soient défrichées et asséchées. À l'église, la fête de Notre-Dame-du-Bon-Secours se célèbre le 24 mai.

Vers 1679-1680, Pierre Melanson, époux de Marguerite Mius d'Entremont, défriche et assèche une terre aux Mines, que l'on nomme éventuellement Grand-Pré. Il y était « en tant qu'agent d'Alexandre Le Borgne de Belle-Isle, seigneur de Port-Royal et des Mines[57] ». Par la suite, Pierre Melanson devient le premier capitaine de la milice de la région des Mines (en 1701). Melanson était accompagné de Pierre Thériot, époux de Cécile Landry, dans son expédition aux Mines. Quant à Thériot, il défriche et assèche une terre à la Rivière-aux-Canards. Quelque temps après, Pierre Thériot devient juge de la région. Comme cela prend au moins deux ans à trois ans pour assécher un marais et rendre la terre cultivable, ils ont sûrement construit leur maison vers 1682. Ceci fait de Pierre Melanson et de Pierre Thériot les cofondateurs de Grand-Pré.

Le 10 avril 1684, François-Marie Perrot est nommé gouverneur de l'Acadie et déplace la capitale à Port-Royal[58]. Il succède à Michel Leneuf de La Vallière et de Beaubassin à qui l'on reprochait de donner aux Bostoniens trop de permis de pêche. C'est Clerbaud Bergier, de la Compagnie de la Pêche sédentaire de l'Acadie, qui avait mis de la pression sur Jacques de Meulles, intendant de la Nouvelle-France, afin de changer de gouverneur.

De la grande visite en Acadie

À l'automne 1685, l'intendant de Meulles décide de visiter et d'inspecter l'Acadie, afin de préparer un rapport sur les ressources naturelles pour développer la région[59]. Après avoir inspecté ce grand territoire et avant son départ au mois de mai 1686, il ordonne de recenser la population. Le gouverneur Perrot en avait fait un, mais il semblait incomplet. Selon le nouveau recensement de 1686, il y a 885 habitants et 30 soldats à Port-Royal. Il y avait donc 915 personnes en Acadie[60]. C'est à Port-Royal où l'on retrouve le plus d'habitants, soit 592 personnes. Ensuite, c'est à Beaubassin, où il y a 127 personnes et aux Mines (Grand-Pré), 57 personnes. Les autres sont répartis dans les postes de traite et de pêche, tels que Cap-Sable, La Hève,

Philippe de Rigaud, Marquis de Vaudreuil (ca. 1643-1725), artiste inconnu. (Bibliothèque et Archives Canada, MIKAN nº 2836683).

Louise-Élizabeth de Joybert de Soulanges et de Marson, marquise de Vaudreuil (1673-1740), Léonce Cuvelier. Cote : P551, D1, P2. Bibliothèque et Archives nat. du Québec.

Mirligouesh, Jemseg et le fleuve Saint-Jean, Passamaquody (Sainte-Croix), Mégais, Pentagouët, Miramichi, Chedabouctou (aujourd'hui Guysborough, Nouvelle-Écosse), Nipisiguit et l'île Percé (Bonaventure).

Peu de temps après le départ de l'intendant de Meulles, les Acadiens reçoivent la visite du grand vicaire de Mgr de Laval, l'abbé Jean-Baptiste de La Croix de Chevrières de Saint-Vallier. Promis comme étant le prochain évêque de Québec, il décide de parcourir le très grand diocèse de Québec, ce qui inclut l'Acadie. L'abbé Saint-Vallier part de Québec, prend la route du portage entre le fleuve Saint-Laurent et le fleuve Saint-Jean, et se dirige vers le premier fort des Malécites qui se trouve sur la voie navigable. Il arrive à Medogtek (aujourd'hui Meductic ou Médoctec, Nouveau-Brunswick) le 18 mai 1686. Ensuite, il s'arrête chez René D'Amours de Clignancour, à la seigneurie de Vilrenard où il est logé[63]. Après, il se rend à Miramichi le 1er juin, puis à Beaubassin et par la suite aux Mines (Grand-Pré) qu'il quitte le 16 juillet. Il s'installe à Port-Royal, le 25 juillet. Pour retourner à Québec, il repasse par Beaubassin et Miramichi. Il se rend ensuite à l'île Percé le 26 août 1686. Un an et demi plus tard, il est consacré évêque du diocèse de Québec, le 25 janvier 1688, à Saint-Sulpice de Paris.

SAVAIS-TU QUE...

Le 16 novembre 1686, Louis XIV, roi de France, et Jacques II, roi d'Angleterre, avaient signé le traité de Whitehall concernant les colonies de l'Amérique du Nord, dont l'Acadie?

Il est connu aussi sous le nom du traité de neutralité américaine. Il est mentionné dans ce traité que même si la guerre est déclenchée en Europe, les colonies en Amérique ne seraient pas impliquées[61].

SAVAIS-TU QUE...

Les Acadiens n'avaient pas eu droit à l'éducation de leurs enfants entre 1654 et 1676?

Le retour d'un enseignement rudimentaire se fait progressivement avec l'arrivée de l'abbé Louis Petit en 1676. Il est prêtre des Missions étrangères du séminaire de Québec[62]. Donc les Acadiens n'ont pas eu le droit à l'éducation pendant 22 ans.

Avant de partir de Miramichi, il fait les recommandations suivantes aux Acadiens :

> *Avant que je me séparer d'avec eux, j'**exhortay** extrêmement les François qui les fréquentent [les Mi'kmaq], à se souvenir qu'ils étaient étroitement obligez à leur donner l'exemple de la sobriété et de la chasteté Chrétienne, pour ne pas les scandaliser dans un temps où leur foy était encore faible et susceptible de toutes les tentations humaines*[64].

Nouvellement convertis au catholicisme, les Autochtones maintenaient la pratique de leurs us et coutumes. C'est pour cette raison que l'abbé Saint-Vallier demande aux Acadiens de devenir des modèles exemplaires pour les *néophytes* mi'kmaq.

Mgr Saint-Vallier (1653-1727) Div. de la gestion des documents et des archives. Université de Montréal. Coll. Louis-François-Georges-Baby (P0058) 1FP,06686.

Plan tres exact du terrain ou sont sçituees les maisons du Port Royal et ou lon peut faire une Ville considerable (extrait), par Jean Baptiste Louis Franquelin (1653-ca 1725), 1686 (Bibliothèque et Archives Canada, MIKAN n° 4125739).

Description d'une partie de l'Acadie

Par la suite, comme nous venons de l'aborder, l'abbé Saint-Vallier s'est rendu dans les trois principaux établissements de l'époque en Acadie, c'est-à-dire Beaubassin, aux Mines (Grand-Pré), ainsi que Port-Royal, où il en fait une description.

■ À Beaubassin

> *La situation de Beaubassin est charmante ; il est arrosé de sept rivières assez grosses, qui après avoir formé cinq Isles, vont se jeter dans la mer à l'endroit d'un bassin de cinq à six lieues de tour qui fait naturellement un des plus beaux havres du monde. On en sort par une embouchure qui n'ayant que demie lieue de large, n'est pourtant pas dangereuse, et qui sert d'entrée dans la Baye Françoise, qu'on dit avoir au moins deux cens lieues de côtes. On compte dans cette* **habitation** *cent cinquante* **âmes***, sans y comprendre trois familles Chrétiennes de Sauvages qui s'y sont retirées pour y faire du bled d'Inde [maïs]. Les premiers François qui s'y transplantèrent il y a dix ans*[67]*, sortirent de Port-Royal : ils furent réduits d'abord à ne vivre que d'herbages, ils ont eu beaucoup de peine dans la suite à faire du bled, parce que les terres labourables étant innondées de la marée, il a fallu les garentir de l'inondation par des digues qu'on a élevées à force de travail et de dépense. Ils sont maintenant plus à leur aise, et comme ils ont de bons et de vastes pâturages, ils y ont mis quantité de vaches et de bestiaux qu'ils ont tirez de l'Isle de Sable, où le feu Commandeur de Rasilly [Isaac de Razilly] les ayant fait jetter autrefois […] Leur Chapelle est petite, elle n'est que de*

SAVAIS-TU QUE...

Le seigneur Michel Leneuf de La Vallière et de Beaubassin avait installé des Canadiens et des Français à Beaubassin ?

Il s'agit de la famille de Robert Cottard et de Suzanne Jarouselle, ainsi que les célibataires Jean Labarre, Pierre Mercier dit Caudebec, Jean Aubin Mignot dit Châtillon, Emmanuel Mirande dit Tavare et Jacques Cochu[65].

SAVAIS-TU QUE...

Jean Campagna, résidant à Beaubassin, avait été arrêté en 1684, car on le soupçonnait de pratiquer la sorcellerie ?

Son procès a eu lieu à Québec en juin 1685. Il était accusé d'avoir causé la mort de François Pellerin en 1678 et de Marie Denys en 1684, d'avoir envoûté Pierre Godin dit Châtillon, ainsi que d'avoir causé la maladie qui avait tué le bétail de Roger Casey. Même s'il a été acquitté lors de son procès, il a été banni de Beaubassin[66].

torchis environné de pierres ; la couverture n'est que de paille, et le corps du bâtiment ne pouvant pas durer longtemps, il faudra penser à en construire une autre, avec un Presbytère et un Cimetière tout proche ; car celuy dont on se sert est trop éloigné, et il faut passer une riviere pour y porter les corps qu'on enterre. Dieu pourvoira s'il luy plait à tous ces besoins.

SAVAIS-TU QUE…

Un Acadien avait la tâche de surveiller et d'entretenir les digues ?

Celui qui avait cette tâche était surnommé le « sourd du marais »[68].

■ À Grand-Pré

De là je passay aux Mines : c'est une habitation qui s'appelle ainsi, à cause du voisinage d'un rocher, où selon toutes les apparences il y a une mine de cuivre, qu'on nous fit voir en passant. Les Habitans sont de jeunes gens bien faits et **laborieux**, *qui sont sortis de Port-Royal, comme ceux de Beaubassin, dont ils ont suivi l'exemple pour desseicher leurs marêts. J'employay un jour entier à contenter leurs* **dévotions** ; *le matin je fus occupé à les* **exhorter**, *à les confesser et à les communier à ma Messe, et l'apres-dînée à baptiser quelques enfans, et à terminer des divisions et des procés. Ils me pressèrent en partant de leur donner un Prêtre, ils me promirent non seulement de le nourrir, mais encore de luy bâtir une*

Le paradis terrestre, par Claude Picard (1932-2012), 1986 (Parcs Canada AS-HP-PICARD-0005).

Eglise et un Presbytère dans une Isle appartenante à l'un d'eux[73] *qui me l'offrit à ce dessein, ou toute entière, ou en partie, selon qu'on en auroit besoin*[74].

■ À Port-Royal

L'Eglise est assez jolie, et raisonnablement pourveue de toutes choses. J'y ay mis un second **Ecclesiastique**, *pour soulager le premier qui ne pouvoit suffire à tous, et qui ayant sceu [su] mon arrivée à Québec me donnoit une connoissance anticipée de toutes choses par sa Lettre du vingt-deuxième Octobre 1685 en ces termes :*

« *Cette habitation, dit-il* [l'abbé Louis Petit], *est composée d'environ quatre-vingts familles qui font pour le moins six cens ames, gens d'un naturel doux, et porté à la pieté; on ne voit parmi eux ni juremens, ni débauches de femmes, ni yvrognerie; quoi qu'ils soient dispersez jusqu'à quatre et cinq lieues sur la riviere, ils viennent en foule à l'Eglise les Dimanches et les Fêtes, et ils frequentent assez les Sacremens. Dieu me garde d'attribuer leur pieté à mes petits soins, je les ay trouvez sur ce pied-là quand je suis venu ici; et cependant il y avoit quinze ou seize ans [1654-1670] qu'ils étoient sans Prêtres sous la domination des Anglois; je dois rendre cette gloire à Dieu, et à eux cette justice. J'ay auprés de moy un homme* [Pierre Chênet Dubreuil] *qui a de la vertu et du talent pour l'instruction de la jeunesse, il fait avec fruit les petites écoles aux garçons dans la maison où je le tiens avec moy; et je fais moy-même le Catechisme aux filles dans l'Eglise*[75]. »

SAVAIS-TU QUE…

Le premier enfant, connu, à être né aux Mines était né en 1682?

Il s'agit de Marie Hébert, la fille d'Étienne Hébert et de Jeanne Comeau. Elle a été baptisée le 25 juin 1684, lorsque le missionnaire de Beaubassin, le récollet Claude Moireau, s'est arrêté dans la région[69]. Ses parents ont déclaré qu'elle était née le 23 avril 1682[70].

SAVAIS-TU QUE…

C'est en 1685 que les Acadiens avaient eu droit à une éducation mieux structurée, et ce, par des enseignants?

En effet, c'est Pierre Chênet Dubreuil, qui après avoir reçu une concession à Mégais en Acadie (aujourd'hui Machias, Maine) en 1683, s'est ensuite installé à Port-Royal où il est devenu l'enseignant des garçons[71]. Quelque temps après, l'évêque de Québec, Mgr de Saint-Vallier a envoyé une religieuse de la Congrégation Notre-Dame, afin qu'elle devienne l'enseignante des filles[72].

> J'ay reconnu avec plaisir qu'une bonne Sœur que j'avois envoyée devant moy de Québec en ce lieu-là, y avoit déjà fait beaucoup de bien pour les femmes et pour les filles ; sa maison sera désormais le rendez-vous des unes et des autres ; elle apprendra à lire, à écrire, et à travailler à quelques-unes ; elle pourra prendre des Pensionnaires, et en trouver dans leur nombre qui seront capables de luy succéder, et peut-être même de faire une petite pépiniere de Maîtresses d'école pour répandre dans le païs[76].

Cette description de l'Acadie nous permet de mieux percevoir l'organisation de la société acadienne, tant sur les plans agricole, religieux que scolaire. Ces extraits nous permettent également de bien saisir les problématiques liées à la société paysanne éloignée qui est en voie de développement.

De nouveaux développements en Acadie

En avril 1687, le gouverneur Perrot est démis de ses fonctions de gouverneur parce qu'il faisait de la contrebande avec des marchands de Boston[77]. Alors que le nouveau gouverneur avait été nommé le 1er mars 1687, soit Louis-Alexandre des Friches de Meneval[78]. Avec sa nomination, de Meneval a reçu l'ordre de faire cesser les activités commerciales avec les Bostoniens et de les empêcher de pêcher dans les eaux acadiennes. De plus, Menneval a reçu l'ordre de retourner en France les seigneurs absents de leur seigneurie et qui ne font que la traite

SAVAIS-TU QUE...
Le gouverneur François-Marie Perrot craignait la chute de l'Acadie ?

En effet, c'est ce qu'il a écrit dans son rapport en 1686. Il mentionnait qu'il fallait renforcer l'Acadie et empêcher le commerce avec les Bostoniens, sinon les colonies anglaises allaient ruiner l'Acadie et la Nouvelle-France[79].

SAVAIS-TU QUE...
Le gouverneur Perrot avait été gouverneur du district de Montréal avant d'être gouverneur de l'Acadie ?

Il avait perdu son poste à Montréal parce qu'il avait fait, entre autres, de la contrebande[80].

> **SAVAIS-TU QUE...**
>
> Le seigneur Richard Denys de Fronsac était installé à Miramichi (aujourd'hui Nouveau-Brunswick) en 1685 ?
>
> C'est l'abbé Louis-Pierre Thury qui y installe une mission à la suite de la concession d'un terrain par Denys de Fronsac, le 13 août 1685[81].

> **SAVAIS-TU QUE...**
>
> C'est en l'honneur de saint Charles Borromée qu'avait été nommée l'église de Saint-Charles-des-Mines à Grand-Pré ?
>
> De plus, la fête de Saint-Charles-Borromée se célèbre le 4 novembre.

des fourrures[82]. C'est en octobre que de Meneval arrive à Port-Royal. Quelque temps avant son arrivée, 30 nouveaux soldats ainsi que ses officiers « Gargas, écrivain de la Marine, et Miramont, commandant des troupes » étaient arrivés à Port-Royal. Comme gouverneur, de Meneval avait comme projet de reconstruire le fort de Port-Royal. Toutefois, il hésitait s'il ne devait pas plutôt fortifier celui de Pentagouët qui se trouve à la frontière de l'Acadie et de la Nouvelle-Angleterre[83].

C'est aussi en 1687 que la première église de la région des Mines est construite : l'église Saint-Charles-des-Mines. La même année, les Acadiens construisent la première école qui est dirigée par l'abbé Louis Geoffroy[84]. Du côté de Port-Royal, le seigneur Le Borgne de Belle-Isle donne la permission à Louis Allain de construire des moulins à scie, le 3 juillet 1687[85].

Entre-temps, la colonisation s'est poursuivie dans la baie des Mines. Entre 1685 et 1693, les premiers colons s'établissent sur les rives de la rivière Pisiguit[86] (ou L'Ascension, aujourd'hui Avon River, Nouvelle-Écosse[87]). Puis, en 1689 et un peu plus à l'est, Mathieu Martin devient seigneur en recevant la concession de Cobequit (aujourd'hui Truro, Nouvelle-Écosse) et porte aussi le nom de la seigneurie Saint-Mathieu[88].

En 1688, le fort de Pentagouët est à nouveau attaqué et pillé par les Anglais, en représailles à une attaque des Abénaquis à Casco Bay[89]. L'année suivante, pour se venger, le baron de Saint-Castin, accompagné de ses alliés amérindiens, attaque le fort Pemaquid (aujourd'hui *Colonial Pemaquid State Historic Site*, Maine), une colonie anglaise située au sud-ouest de Pentagouët[90], ainsi que Dover en juin, tuant 33 colons anglais[91].

À l'été 1688, le navire *La Friponne* arrive à Port-Royal avec M. Pasquine, ingénieur de la Marine, M. de Soulègre, capitaine des troupes, Mathieu de Goutin, juge et greffier, ainsi que 30 nouveaux soldats. L'Acadie compte maintenant un total de 90 soldats pour défendre la colonie[92]. Puis, c'est Pierre Chênet Dubreuil, l'enseignant de Port-Royal, qui poursuit son mandat de procureur du roi ; il avait été nommé le 25 mars 1687[93].

Lors du recensement de 1689, il y a 813 personnes en Acadie[94]. À ce nombre, il faut ajouter les 90 soldats. Il y avait donc au moins 903 personnes en Acadie. Les endroits les plus peuplés sont Port-Royal avec ses 463 habitants, Les Mines (Grand-Pré) avec ses 165 habitants et Chignectou (Beaubassin) avec ses 84 habitants.

C'est le 9 octobre 1689 que Vincent Saccardy, nouvel ingénieur général du roi de France en Nouvelle-France, arrive à Port-Royal. Il avait reçu l'ordre d'édifier un nouveau fort à Port-Royal. Dès son arrivée, il fait raser le vieux fort afin de commencer la nouvelle construction. Selon le plan, le nouveau fort comprend quatre bastions. À l'intérieur du fort, il planifiait la

---

SAVAIS-TU QUE...

Mathieu Martin était le premier enfant né en Acadie dont les deux parents sont d'origine française[95] ?

Eh oui, lorsqu'il a reçu la concession de Cobequit, le 28 mars 1689, il est dit qu'il est issu « d'une des plus anciennes familles de l'Acadie, y estant le premier nay [né][96] ».

Mathieu est né vers 1639 à Port-Royal. Il est le fils de Pierre Martin et de Catherine Vigneau de St-Germain de Bourgueil, en France. Ses parents sont arrivés en Acadie en 1636 à bord du *Saint-Jean*.

SAVAIS-TU QUE...

Cobequit était une déformation de Oüecopeguit ou Wecobequit ?

En Mi'kmaq cela veut dire : « la fin de l'eau qui coule[97] ». Certains auteurs ont aussi utilisé le « d » à la fin du nom : Cobequid.

SAVAIS-TU QUE...

La population en Nouvelle-France était estimée à 15 000 personnes en 1689? Alors qu'en Nouvelle-Angleterre, il y avait près de 200 000 personnes[98]. En comparant, il est évident que la colonie acadienne était sous-peuplée avec ses 903 personnes.

SAVAIS-TU QUE...

Le seigneur René D'Amours, sieur de Clignancour, avait épousé Charlotte-Françoise Le Gardeur, le 13 octobre 1689, à Notre-Dame-de-Québec. Elle était la fille de Charles Le Gardeur, membre du Conseil souverain à Québec, et de Geneviève Juchereau.

D'Amours de Clignancour avait reçu la seigneurie de Vilrenard en 1684.

construction de la maison du gouverneur, une église, un moulin et un édifice pour l'armée. En seize jours, avec l'aide des soldats et des habitants, deux des murs du fort sont construits, mais Saccardy doit repartir et la construction du fort s'est arrêtée[99].

Extrait de : Partie orientale du Canada ou de la Nouvelle France [document cartographique] : *ou sont les provinces, ou pays de Sagvenay, Canada, Acadie etc., les peuples, ou nations des Etechemins, Iroquois, Attiquameches etc., avec la Nouvelle Angleterre, la Nouvelle Ecosse, la Nouvelle Yorck, et le Virginie, les Isles de Terre Neuve, de Cap Breton etc. le Grand Banc etc.* par J.B. Nolin, 1689 (Bibliothèque et Archives Canada, MIKAN n° 3709707).

L'Acadie est attaquée par Phips

En Europe, toujours en 1689, Guillaume III d'Orange, roi d'Angleterre, forme la ligue d'Augsbourg, avec quelques provinces des Pays-Bas, la Suède, l'Espagne ainsi que des princes d'Allemagne et déclare la guerre à la France en 1690. Pourquoi ? Parce que la France avait annexé deux régions allemandes l'année précédente : la Cologne et le Palatinat[100].

En Nouvelle-Angleterre, les marchands de Boston et de Salem, au Massachusetts, amassent de l'argent pour défrayer les coûts d'une expédition pour se venger contre les Acadiens qui avaient confisqué leurs navires de pêche et contre l'attaque de Pemaquid. Il est important de se souvenir que la pêche est interdite aux Anglais dans les eaux entourant l'Acadie. C'est William Phips qui est responsable de l'expédition de sept navires armés, comprenant 736 hommes prêts à attaquer l'Acadie qui compte un peu plus de 900 personnes dans la colonie. Après avoir fait escale à Pentagouët, Port-Royal est attaqué le 19 mai 1690, et ce, malgré le traité de neutralité de Whitehall, signé en 1686[101].

Lorsque de Meneval aperçoit les navires dans le bassin de Port-Royal, il fait tirer un coup de canon pour alerter les Acadiens. Toutefois, seulement trois hommes se rendent au fort pour assister les 70 soldats. Ils étaient donc 74 hommes, incluant de Meneval, contre 736 Anglais… De plus, la construction

Guillaume III, roi d'Angleterre (1650-1702), artiste inconnu (Bibliothèque et Archives Canada, MIKAN n° 2935683).

PASSE À L'ACTION

Identifie le territoire de la seigneurie de Vilrenard sur une carte géographique. Aujourd'hui ce territoire se trouve grosso modo de Longs Creek à McLeod Hill en suivant l'autoroute 2, jusqu'à Keswick Rigde à l'ouest, à Longs Creek au sud, au Nouveau-Brunswick)[102].

SAVAIS-TU QUE...

Le Bostonien David Basset, époux de Marie Melanson (fille de Charles Melanson et de Marie Dugas, de Port-Royal), faisait partie de l'expédition de Phips ?

Afin de protéger sa famille, Charles Melanson devient un informateur pour le gouverneur intérimaire du Massachusetts, William Stoughton[103].

du fort n'est pas terminée, les 18 canons ne sont pas en place pour défendre Port-Royal. De Meneval décide donc d'envoyer le curé de Port-Royal, l'abbé Louis Petit, pour annoncer qu'ils se rendent sans se battre et pour discuter des conditions de la capitulation[104].

La capitulation de Meneval

Phips accepte les conditions. Les Acadiens peuvent rester chez eux et peuvent pratiquer librement leur religion. En échange, Phips prend les marchandises du magasin et les canons. En plus, les officiers et les soldats seront transportés à Québec. Entre-temps, quelques soldats profitent de l'occasion pour piller le magasin. Le dimanche 21 mai, de Meneval et de Goutin montent à bord du bateau de Phips pour confirmer les conditions de la capitulation. Par la suite, Phips se rend au fort pour constater ce qu'il allait récolter. C'est à ce moment qu'il se rend compte que la construction du fort n'est pas terminée, et que le magasin avait été volé. Il décide alors de changer les conditions de la capitulation. Les soldats sont emprisonnés dans l'église et le gouverneur de Meneval dans sa résidence sous la surveillance d'un soldat anglais.

Le serment d'allégeance anglaise de 1690

Dès lors, les soldats anglais saccagent l'église de Port-Royal, détruisent le fort, volent les Acadiens, s'emparent de la récolte de blé, tuent les animaux de ferme et brûlent 28 maisons[106]. Le 24 mai, tous les hommes prêtent le serment d'allégeance au roi d'Angleterre. Avant de partir, six conseillers sont choisis parmi les habitants pour le maintien de la paix dans la colonie acadienne. Ce conseil allait être présidé par le sergent des troupes militaires de Port-Royal, Charles La Tourasse, en attendant que le gouvernement du Massachusetts nomme officiellement quelqu'un. Les autres membres du conseil choisis sont Alexandre Le Borgne de Belle-Isle, seigneur de Port-Royal et des Mines, Mathieu de Goutin, juge et greffier, Pierre Chênet Dubreuil, procureur du roi, René Landry et Daniel LeBlanc, les aînés de Port-Royal[107].

Lors du départ, Phips fait embarquer les prisonniers, soit les soldats et le gouverneur de Meneval, Louis Petit et Claude Trouvé, les deux prêtres de Port-Royal, ainsi qu'une des filles de Jean-Vincent d'Abbadie de Saint-Castin. De Meneval et Petit sont emprisonnés à Boston, alors que Trouvé est échangé contre des prisonniers à Québec. Quant à la fille de Jean-Vincent d'Abbadie de Saint-Castin, Phips la fait travailler comme servante dans sa demeure à Boston. Après avoir transféré les prisonniers dans les bateaux, les Anglais mettent le feu à l'église

> **POINT DE VUE**
>
> Crois-tu que le gouverneur de Meneval a bien fait de capituler ?
>
> Pourquoi ?

William Phips Source : James Grant Wilson et John Fiske, Appletons' Cyclopædia of American Biography, vol. 4 (Lodge-Pickens), New York, D. Appleton and Compagny, 1889, p. 764.

de Port-Royal, mais aussi à l'école. Pendant que l'église brûlait, le pasteur protestant faisait un sermon d'Action de grâce[108].

Par la suite, Phips donne l'ordre à John Alden de se rendre dans tous les postes de traite et les forts de la côte acadienne. Sur place, il doit pourparler avec les Acadiens, les soumettre et leur faire prêter le serment d'allégeance au roi d'Angleterre. Si les Acadiens refusent, Alden a l'ordre de les tuer et de tout brûler[109]. À Chedabouctou, c'est Cyprian Southack qui tente de s'emparer du fort par deux fois. Ensuite, il met le feu au fort et lorsque le feu atteint la réserve de poudre, tout le fort est pulvérisé[110].

L'arrivée de Robinau de Villebon

Le navire l'*Union* arrive à Port-Royal le 14 juin 1690, en provenance de La Rochelle. À bord, il y a l'ingénieur Vincent Saccardy, qui revient pour terminer la construction du fort. Il y a également Joseph Robinau de Villebon, qui est de retour après un séjour en France (pendant l'hiver 1689). Arrivé en Acadie vers 1685, Robinau de Villebon est nommé capitaine le 1er juin 1689 et il est au service du gouverneur de Meneval. À leur arrivée, ils constatent les dégâts et apprennent que l'Acadie est maintenant sous la domination anglaise[111].

L'Acadie sous la gouvernance anglaise et française

Détenteur du plus haut rang militaire, Robinau de Villebon est le représentant officiel du roi de France en Acadie et remplace le gouverneur de Meneval, à partir de ce moment-là. Il décide de s'établir au fort Jemseg, car ils avaient peur que Phips revienne à Port-Royal. Toutefois, en se rendant à Jemseg, ils sont surpris par des pirates anglais. Ces derniers emprisonnent Saccardy, mais pas Robinau de Villebon qui réussit à fuir et se rendre à Québec. C'est ainsi qu'il raconte la nouvelle au gouverneur de Frontenac et demande des renforts pour défendre l'Acadie[112].

Après un séjour en Nouvelle-France, Robinau de Villebon se rend en France plaider la cause de l'Acadie. Le 7 avril 1691, le roi de France le nomme nouveau commandant de l'Acadie. Il reçoit également l'ordre de profiter des alliés autochtones pour maintenir la défense de l'Acadie et ainsi éviter que la Nouvelle-France soit attaquée. Pour le roi, l'Acadie sert de barrière, de zone protectrice pour la Nouvelle-France. Un mois plus tard, il embarque sur le navire *Soleil d'Afrique* avec Simon-Pierre Denys de Bonaventure, le capitaine, en direction de Québec. Ils arrivent en juillet et ils repartent de Québec quelques mois plus tard. Ils arrivent en Acadie en octobre 1691[113].

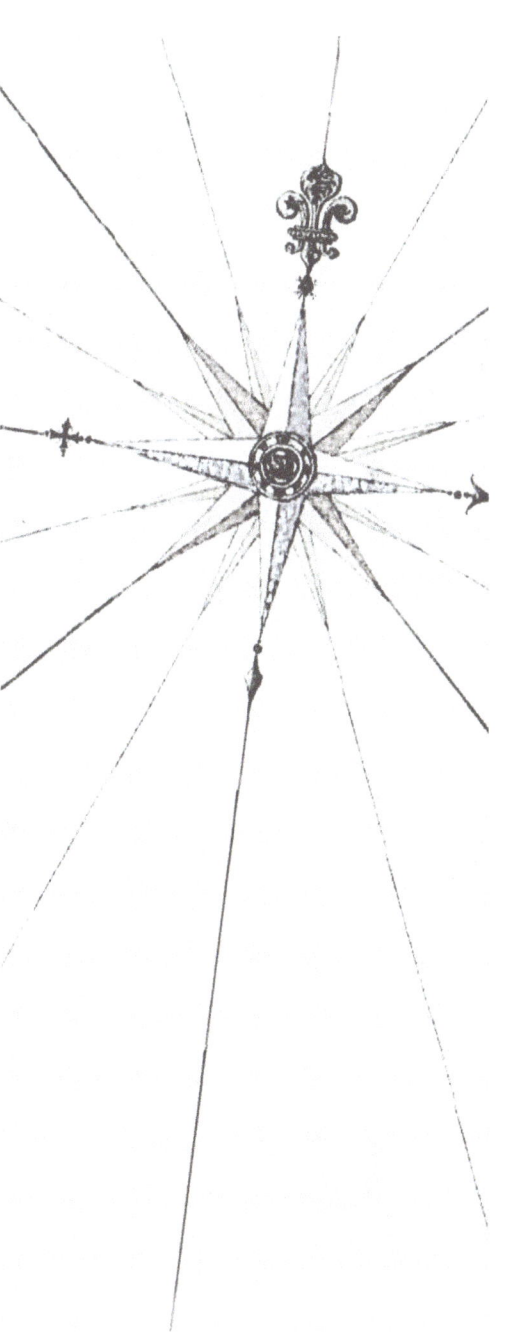

SAVAIS-TU QUE...

Seulement 18 Acadiens avaient signé le serment d'allégeance en 1695 ?

Il s'agit de : Abraham Bourg, Alexandre Bourg, Laurent Doucet, René Forest, Bernard Gaudet, Claude Guédry, Pierre Guilbeau, Jean Labat dit Le Marquis, Pierre Lanoue, Emmanuel Le Borgne de Bélisle, Julien Lord, Mathieu Martin, Charles Melanson, Denis Petitot, Claude Petitpas (père), Claude Petitpas (fils), Alexandre Richard et Prudent Robichaud.

Les autres, 39 Acadiens, avaient fait une marque pour attester le serment d'allégeance[114].

(Suite à la page 91)

POINT DE VUE

Explique pourquoi 18 Acadiens ont signé, alors que 39 Acadiens, ne sachant pas signer, ont fait une marque.

Qu'est-ce qui explique cette différence ?

Entre-temps, l'Acadie est officiellement annexée à la colonie du Massachusetts lors d'une proclamation royale le 7 octobre 1691. Le nouveau gouverneur anglais de l'Acadie est Edward Tyng[115].

Au moment de l'arrivée du navire *Soleil d'Afrique*, les passagers rencontrent, à leur surprise, un bateau de Boston dans la baie Française (baie de Fundy). À l'intérieur du bateau, il y a le gouverneur Edward Tyng, ainsi que des marchands : John Nelson, John Alden et son fils William Alden. C'est alors que Robinau de Villebon et de Bonaventure s'emparent du bateau et font prisonniers les passagers. Toutefois, ils vont faire une exception. Ils laissent partir John Alden afin qu'il se rende à Boston pour négocier un échange de prisonniers. À ce moment, c'est William Phips qui est le gouverneur du Massachusetts (1691-1695) et refuse l'échange de prisonniers[116].

Le serment d'allégeance française de 1692

À leur arrivée à Port-Royal, Robinau de Villebon enlève le drapeau anglais et remet celui de la France. Il laisse Charles La Tourasse, sergent des troupes militaires de Port-Royal, responsable du fort et décide d'établir son poste de commande au fort Jemseg. Puis, en naviguant sur le fleuve Saint-Jean, le 13 octobre 1691, il ordonne la construction d'un nouveau fort en amont de l'ancien fort : le fort Saint-Joseph, mieux connu sous le nom du fort Nachouac (Nashwaak)[117]. Le 20 octobre, il envoie des hommes construire des logements temporaires pour ceux qui vont construire le nouveau fort. Finalement, Robinau de Villebon s'installe dans sa nouvelle résidence le 13 décembre. Puis, la construction au complet du fort est terminée le 16 avril 1692[118]. Dès lors, « presque toute l'Acadie est redevenue française[119] » et Robinau de Villebon fait prêter le serment d'allégeance au roi de France aux Acadiens[120].

À la fin du printemps de 1692, le gouverneur Phips donne l'ordre à Richard Short de détruire le fort Nachouac. Toutefois, la marée basse ainsi que le vent empêchent les 150 hommes dirigés par Short de se rendre au fort Nachouac. Puis les Anglais rebroussent le chemin[121].

Le serment d'allégeance anglaise de 1695

En août 1695, Port-Royal est à nouveau envahi par les Anglais, sous le commandement de Fleetwood Emes, et impose le serment d'allégeance au roi d'Angleterre[122]. Toutefois, le reste de l'Acadie n'est pas envahie.

À l'été 1696, Simon-Pierre Denys de Bonaventure, Pierre Maisonnat dit Baptiste et Pierre Le Moyne d'Iberville capturent la frégate anglaise *Newport* qui se trouve dans la baie Française, près de l'embouchure du fleuve Saint-Jean. Un mois plus tard, soit le 15 août, Jean-Vincent d'Abbadie de Saint-Castin, Denys

> ***SAVAIS-TU QUE...***
> (Suite de la page 90)
>
> Les autres, 39 Acadiens, avaient fait une marque pour attester le serment d'allégeance. Il s'agit de : Louis Allain, Jean Babineau, Jean Bastarache, Jean Belliveau, Guillaume Blanchard, Martin Blanchard, Bernard Bourg, Martin Bourg, François Broussard, Pierre Cellier, Étienne Comeau, Jean Comeau, Pierre Comeau dit L'Esturgeon, Pierre Comeau dit des Loups-Marins, Jean Corporon, Pierre Doucet, Claude Dugas, Martin Dupuis, John Fardel (époux de Marie Gaudet), Pierre Gaudet, Alexandre Girouard, Jacques dit Jacob Girouard, Laurent Granger, Jérôme (Giraud) Guérin, Emmanuel Hébert, Claude Landry, Pierre Landry, Daniel LeBlanc, Jacques Léger dit La Rosette, Pierre Martin (fils), Étienne Pellerin, Martin Richard, Charles Robichaud, François Robin, Germain Savoie, Pierre Sibilau, Claude Thériot, Bonaventure Thériot et Jacques Triel dit Laperrière[114].

SAVAIS-TU QUE...

Entre 1692 et 1696, les Acadiens avaient connu une courte période de paix, à l'exception de Port-Royal en 1695 ?

Ceci a eu pour effet d'augmenter les échanges commerciaux entre les marchands de Boston et les Acadiens. Par exemple, Jacques Bourgeois de Beaubassin ainsi que Louis Allain de Port-Royal transportaient du bois transformé et de la farine fabriquée dans leurs moulins à Boston. Aussi, Abraham Boudrot de Port-Royal avait un partenariat avec André Faneuil, un Belge protestant qui demeurait à Boston.

de Bonaventure et Le Moyne d'Iberville font partie d'une expédition qui attaque le fort William Henry à Pemaquid (qui avait été reconstruit en 1692)[123].

Church attaque l'Acadie

Voulant bénéficier de la prime offerte par le tribunal du Massachusetts, le major Benjamin Church demande la permission à William Stoughton, gouverneur intérimaire du Massachusetts, d'attaquer l'Acadie avec 400 combattants, dont 50 guerriers iroquois. Permission reçue, il met les voiles en direction de l'Acadie. Il attaque le fort Pentagouët en septembre 1696. Par la suite, il se dirige vers la baie Française avec ses hommes armés. Il arrive à Beaubassin le 20 septembre. Toutefois, il attend la marée haute de l'après-midi avant de se rendre sur le rivage et de pouvoir débarquer des bateaux. Les ayant vus, les Acadiens se réfugient à temps dans la forêt[124].

Le temps venu, les Anglais débarquent des navires et se mettent à la recherche des Acadiens. C'est alors que Germain Bourgeois s'avance vers les Anglais avec le serment d'allégeance envers le roi d'Angleterre que les Acadiens avaient signé. En lisant le document, Church déclare : « Dans ce cas, les gens n'ont rien à craindre ». À ce moment, Bourgeois, étant soulagé, invite Church à prendre un verre pour se désaltérer dans sa maison où il rencontre ses parents, Jacques Bourgeois et Jeanne Trahan.

Pendant que Church était en train de boire, ses lieutenants supervisaient le massacre du bétail, le pillage des maisons, ainsi que l'incendie des maisons et des granges. Par la suite, Church joint ses troupes et donne l'ordre de mettre le feu à l'église Notre-Dame-du-Bon-Secours[125].

Avant de quitter Beaubassin, Church demande à Bourgeois où sont les Mi'kmaq ; il n'a pas répondu à sa demande. Church veut les scalper pour se venger de l'attaque qu'ils ont faite à Pemaquid. Church dit ensuite que si les attaques se poursuivaient en Nouvelle-Angleterre, il reviendrait en Acadie pour tuer et scalper tous les Acadiens qu'il trouverait. En les quittant, il exige que les habitants prêtent à nouveau un serment d'allégeance au roi d'Angleterre[126].

Il se dirige ensuite vers le fort Nachouac. C'est le 18 octobre que l'attaque a lieu. Toutefois, les Acadiens avaient été avertis par Daniel Robinau de Neuvillette, frère de Joseph Robinau de Villebon, qui avait vu les Anglais arriver lors d'une patrouille de reconnaissance. Lorsque les Anglais arrivent au fort, les soldats acadiens sont à leur poste et ils commencent à donner des coups de feu. L'échange de tirs dure jusqu'à ce que les Anglais se retirent le 20 octobre. Au fort Nachouac, Robinau de Villebon déclare qu'un soldat est mort et trois autres blessés. Alors que du côté anglais, il y a huit soldats morts et douze blessés. En quittant la région, les Anglais incendient le domaine

Benjamin Church (1734-1778), par Benson John Lossing (1813-1891) Emmet Collection of Manuscripts Etc. Relating to American History (New York Public Library).

SAVAIS-TU QUE...

Le tribunal général du Massachusetts avait criminalisé le commerce intercolonial entre l'Acadie et le Massachusetts en 1696?

De plus, le tribunal offre une prime de 50 livres pour chaque *scalp* d'un Autochtone ennemi, allié des Acadiens[127].

de Mathieu D'Amours, sieur de Freneuse. Son épouse, Louise Guyon, leurs enfants et les engagés ont le temps de se cacher en forêt et éviter le pire[128].

Le traité de Ryswick

La guerre se termine avec le traité de paix de Ryswick, le 20 septembre 1697, où l'Acadie repasse officiellement sous la gouvernance française[129]. Toutefois, les Acadiens ne reçoivent la nouvelle qu'au printemps suivant, selon la lettre provenant du roi de France, adressée à Robinau de Villebon, datée du 26 mars 1698[130].

L'Acadie poursuit son développement

La paix rétablie, l'Acadie reprend son élan de développement. Robinau de Villebon décide de déplacer son poste à l'embouchure du fleuve Saint-Jean. Le fort Nachouac est alors débâti et reconstruit au nouvel emplacement. Par la suite, le roi ordonne que le terrain où était construit le fort Nachouac soit remis à son propriétaire, Louis D'Amours, sieur de Chauffours[131].

En juillet 1698, Pierre Thibodeau, époux de Jeanne Thériot, avec ses fils Jean, Antoine et Michel fondent Chipoudie (aujourd'hui Hopewell Hill, Nouveau-Brunswick) en défrichant la première terre et asséchant le premier marais, qui se trouve dans la seigneurie de Michel Leneuf de La Vallière et de Beaubassin[132]. Toujours à l'été 1698, Guillaume Blanchard, époux d'Huguette Gougeon, qui accompagnait Pierre Thibodeau lors de son voyage d'exploration, se rend observer le territoire de la rivière Petitcoudiac. L'année suivante, il y retourne et fonde le « village des Blanchard » qui sera aussi nommé Petitcoudiac et même Petcoudiac (aujourd'hui Hillsborough, Nouveau-Brunswick). Tous deux, Thibodeau et Blanchard, vont revendiquer d'être les seigneurs de leurs terres. Dans une lettre datée du 1ᵉʳ novembre 1699, Mathieu de Goutin, lieutenant général et subdélégué de l'intendant de la Nouvelle-France, demande que soit concédé officiellement les terres de Chipoudie à Pierre, Jean, Antoine et Michel Thibodeau[133], ainsi que Petitcoudiac à Guillaume Blanchard[134]. Toutefois, le Conseil d'État confirme le 2 juin 1705 que les droits seigneuriaux reviennent à Michel Leneuf de La Vallière et de Beaubassin[135].

Le 8 août 1698, les habitants de Pisiguit construisent leur première église, soit treize ans après l'installation de la première famille dans la région[136]. En effet, lors du recensement de 1686, on retrouve la famille d'Étienne Rivet et de Marie Comeau. L'église est située sur la rive ouest et elle a été nommée Sainte-Famille (aujourd'hui Falmouth, Nouvelle-Écosse). C'est l'abbé Louis-Pierre Thury qui fonde la paroisse en 1698[137]. À l'église, c'est le 30 décembre qu'on célèbre la Sainte-Famille.

SAVAIS-TU QUE...

Pendant les périodes anglaises de 1654 à 1670, mais aussi entre 1690 et 1697, les autorités avaient mis fin au système seigneurial et elles avaient établi « les traditions anglo-saxonnes du fermage et de la propriété foncière libre ». Il a donc été difficile de rétablir le système seigneurial par la suite. Par exemple, en 1670, le seigneur de Port-Royal, Alexandre Le Borgne de Belle-Isle, tente de réinstaurer le système seigneurial et cela provoque des conflits avec certains habitants. Les seigneurs ont dû accorder des exemptions concernant les nouvelles redevances aux habitants établis pendant cette période[138].

Malgré tout, l'immigration reste très faible en Acadie. Très rapidement, ce sont les premières familles qui assurent le développement démographique naturel de la colonie. De plus, comme l'Acadie est pratiquement isolée de la France et de la Nouvelle-France, il n'est pas surprenant de constater la multiplication des échanges commerciaux entre l'Acadie et la Nouvelle-Angleterre, malgré son interdiction. De plus, « certains commerçants anglais ont pignon sur rue, notamment à Port-Rossignol et à Port-Royal[139] ». Ainsi, les Acadiens échangent leurs surplus de l'agriculture, de la pêche et des fourrures contre des outils, de la vaisselle, des ustensiles, du sucre, de la mélasse, du rhum, etc.

Le rétablissement du système seigneurial

En 1699, soit deux ans après le traité de paix, les autorités françaises travaillent à remettre les lois françaises en place. C'est alors que le sieur de Fontenu, Commissaire de la Marine, fait une enquête pour clarifier les titres de propriété des seigneurs. À cette époque, la « Couronne accordait une concession à un seigneur, qui à son tour en concédait des parcelles à des locataires ». Le seigneur fournissait à ses habitants un moulin à farine et s'occupait de la levée de la corvée, dont la construction des chemins et des ponts dans sa seigneurie. En retour, les habitants devaient, entre autres, donner une portion de leur récolte au seigneur[140].

Le 8 avril et le 15 avril 1699, de Fontenu écrit que plusieurs Acadiens « se disent propriétaires des terres de l'Acadie par des concessions de Sa Majesté » et que ces derniers ont négligé leurs obligations seigneuriales. De plus, ces Acadiens font des échanges commerciaux avec des Bostoniens, alors que c'est illégal. De Fontenu ajoute également que certains seigneurs ont abandonné leur seigneurie et que d'autres n'ont pas développé leur seigneurie en y installant des colons. En terminant, il informe les Acadiens que le roi demande à ce que l'ordre et les coutumes françaises soient réinstaurés en Acadie[141].

La visite du sieur Diéreville

À l'automne 1699, les Acadiens ont reçu la visite d'un Français qui était intrigué par la vie en Acadie. Le sieur Diéreville visite l'Acadie du 13 octobre 1699 au 6 octobre 1700. Il relate son périple et fait une description des us et coutumes des Acadiens dans son livre *Relation du voyage du Port Royal de l'Acadie, ou de la Nouvelle France*, qui est publié la première fois en 1708, à Rouen en Normandie, France.

■ **Description de la région de Port-Royal et de celle des Mines (Grand-Pré)**

> *Le terrain du Port Royal peut avoir une demi-lieue de long, et presqu'autant de large. Les maisons qui sont situées dessus, et assez loin les unes des autres, ne sont que des* **chaumières** *fort mal* **bousillées**, *avec des cheminées d'argile.*

SAVAIS-TU QUE...

Le système de digues et des aboiteaux était déjà connu en 1599 ?

Le roi de France, Henri IV, avait élaboré un projet d'assèchement des marais afin d'obtenir de nouvelles terres à cultiver, notamment dans le Poitou, l'Aunis et la Saintonge[142].

SAVAIS-TU QUE...

Les Acadiens cultivaient une variété de céréales, tels le blé, l'avoine, l'orge et le seigle. Ils cultivaient aussi différents légumes, comme les pois, les choux, de la laitue, les betteraves, les carottes, les panais, les navets, les oignons et les échalotes. Ils cultivaient également le lin pour fabriquer des vêtements et des serviettes[143].

Deux rivières, dont ce terrain est presqu'environné, ne font pas un spectacle moins charmant à la vue. La première qu'on appelle du Dauphin est large comme la Seine [en France]. Elle vient de sept à huit lieues audessus du Port Royal, et des deux côtés, il y a des habitations éloignées plus ou moins les unes des autres. Il y a, par endroits, d'assez belles prairies, le long de son cours. Au-dessus du Port Royal, il y a de même encore des habitations sur cette rivière et quelques cours aussi bien plantés de pommiers qu'en Normandie [...] L'autre rivière qu'on appelle du Moulin, et qui va se répandre dans celle que je viens de marquer, n'a pas plus d'une lieue de long, et est beaucoup plus étroite que l'autre. Il y a trois moulins dessus, un à blé, et deux à planches, avec trois ou quatre habitations.

Les Mines fournissent plus de bled que tout le reste du pays, par le dessèchement qu'on a fait de ses marais, qui sont assez étendus, et que les habitants du Port Royal y ont établi leurs enfants dans les concessions qu'ils ont achetées pour peupler le pays, et le rendre fécond, ils réussissent en tout cela fort bien[144].

■ Description de l'agriculture en Acadie

Il en coûte beaucoup pour accommoder les terres qu'on veut cultiver : celles qu'ils appellent hautes, et qu'il faut défricher dans les bois, ne sont pas bonnes, le grain n'y lève pas bien, et quelque peine que l'on prenne, pour le faire venir par des engrais dont on n'a pas très-peu, on n'y recueille presque rien, et on n'est quelquefois contraint de les abandonner. Il faut pour avoir des bleds, dessécher les marais que la mer en pleine marée inonde de ses eaux, et qu'ils appellent les terres basses; celles-là sont assez bonnes, mais quel travail ne faut-il pas faire pour les mettre en état d'être cultivées ? On n'arrête pas le cours de la mer aisément; cependant les Acadiens en viennent à bout par de puissantes digues qu'ils appellent des aboiteaux[145].

■ Description de l'alimentation des Acadiens

Parlons de ce que les Acadiens aiment mieux, et dont ils font ordinairement leur nourriture. Ils sont assez difficiles dans leur manger, ils choisissent leurs viandes, quoique ce ne soit pas toujours les plus délicates dont ils usent; rien ne leur semble si bon que le lard, et sans s'en rebuter, ils en mangent deux fois par jour; ils le préfèrent aux perdrix, et aux lapins, dont on trouve beaucoup dans les bois; aussi ne leur font-ils la chasse que pour les vendre[146].

Ils ont beaucoup de pommes de différentes espèces, qu'ils conservent soigneusement dans leurs caves, pour les manger pendant l'hiver. [...] Il y croît bien d'autres fruits, dont je ne puis dire le nombre, ni en connaître la nature. Je parlerai seulement des mûres sauvages, qui sont plus délicates que celles de nos mûriers, et des framboises dont les bois sont pleins; les fraises ne sont pas moins communes partout dans les champs, et on a le plaisir de les pouvoir manger, avec un sucre que le pays produit [sirop d'érable]. Pour les Acadiens, la nature a pris soin d'en mettre dans les sycomores [érables]. Au commencement du printemps, de leur écorce il sort une liqueur sucrée, qu'avec grand soin les habitants recueillent dans chaque contrée. [...] Pour recevoir cette douce

> *liqueur, qui est aussi claire que de l'eau de roche, on fait dans l'arbre, à coup de hache, un trou assez profond, en forme d'auge, et des taillades à l'écorce, qui aboutissent à ce réservoir, afin que l'eau, en coulant, tombe dedans. Quand il est plain, ce qui arrive promptement, la sève étant, dans ce temps-là, dans sa plus grande force, l'eau tombe, par un petit dalot de bois, appliqué sur le bord de l'auge, dans un vaisseau qui est au pied de l'arbre. On fait la même chose à plusieurs arbres tout à la fois, de sorte qu'il en sort beaucoup de liqueur, qu'on a soin de venir lever tous les jours, tant qu'ils en fournissent. On la fait bouillir [...] dans un grand chaudron; en diminuant petit-à-petit, elle devient en sirop, et puis en sucre roux qui est très-bon*[148].

Temps heureux chez les Savoie et leurs voisins acadiens à Belleisle vers 1690 par Claude Picard (1932-2012), (Fondation Hector-Savoie[147]).

Dévoilée à Edmundston le 17 mars 2012, cette œuvre avait été commandée par Jean-Claude Savoie, pour la Fondation Hector-Savoie. Ce tableau est une représentation de la maison de François Savoie et de Catherine Lejeune, à Belleisle sur la rivière Dauphin, près de Port-Royal, en Acadie. En arrière-plan, c'est La Prée-Ronde avec la maison et le moulin de Pierre Thibodeau et de Jeanne Thériot[149]. Cette toile évoque le « Temps heureux » où les Acadiens furent prospères en Acadie, avant le drame de la Déportation.

Le nouveau gouverneur et la création de la milice acadienne

Le gouverneur de l'Acadie, Joseph Robinau de Villebon, s'éteint le 5 juillet 1700 au fort Saint-Jean. Le poste de gouverneur est à nouveau vacant. C'est Claude-Sébastien de Villieu, ancien lieutenant au régiment de Carignan-Salières, qui devient le nouveau gouverneur de l'Acadie par *intérim* jusqu'à la nomination officielle du prochain gouverneur[150].

Toujours à l'été 1700, une deuxième église est construite à Pisiguit. Elle est située sur la rive est. Elle est nommée Notre-Dame-de-l'Assomption et surnommée tout simplement L'Assomption (aujourd'hui Windsor, Nouvelle-Écosse). Toutefois, cette dernière n'a été officialisée par l'évêque de Québec que le 28 juin 1722[151].

C'est le 28 mars 1701 que le roi de France nomme le nouveau commandant de l'Acadie : Jacques-François de Monbeton de Brouillan. Auparavant, il avait été gouverneur de Plaisance (aujourd'hui Placentia), à Terre-Neuve, de 1690 à 1701[152]. De Brouillan quitte la France le 12 mai 1701, avec 40 nouveaux soldats, ainsi qu'avec la sœur Marie-Élisabeth Chausson, de la Congrégation des filles de la Croix, afin d'ouvrir une école pour les filles à Port-Royal. Arrivé en Acadie, le navire fait une escale à Chibouctou (aujourd'hui Halifax, Nouvelle-Écosse). Ensuite, il se rend à Grand-Pré. En discutant avec les Acadiens,

> **PASSE À L'ACTION**
>
> Compare les témoignages de l'abbé Saint-Vallier et du sieur Diéreville (voir p. 78-81).
>
> Ont-ils la même perception du mode de vie des Acadiens ?
>
> Vois-tu des changements entre la description de l'Acadie de l'abbé Saint-Vallier en 1686 et celle du sieur Diéreville en 1700 ?

> **SAVAIS-TU QUE...**
>
> La fête de l'Assomption est célébrée le 15 août?
> De plus, c'est aussi la fête nationale acadienne. Le choix de cette date s'est fait lors de la première Convention nationale des Acadiens en 1881 à Memramcook, Nouveau-Brunswick[153].

de Brouillan les persuade qu'il faut défricher et entretenir un chemin entre Grand-Pré et Port-Royal. Dans l'éventualité d'une autre attaque de Port-Royal, ce chemin faciliterait la défense de Port-Royal[154].

Par la suite, il se rend à Port-Royal. De Brouillan réussit à convaincre les habitants de reconstruire le fort. Ainsi, la capitale de l'Acadie est de nouveau à Port-Royal. Le fort Saint-Jean est démonté et les matériaux sont transportés et utilisés pour la construction du nouveau fort de Port-Royal[155].

À l'automne 1701, de Brouillan décide de mieux préparer les Acadiens à d'éventuelles attaques, en créant la milice acadienne. Cette dernière est divisée en six compagnies, ayant chacune son capitaine. Le capitaine a la garde des fusils de son territoire, et un banc lui est réservé en avant de l'église[156]. Après avoir réorganisé la colonie acadienne, de Brouillan demande au roi de France d'être promu au rang de gouverneur de l'Acadie. Quelques mois plus tard, il reçoit le titre de gouverneur, soit en février 1702[157].

> **SAVAIS-TU QUE...**
>
> Le 27 octobre 1701, sœur Marie-Élisabeth Chausson, de la Congrégation des filles de la Croix, avait écrit une lettre pour demander la charité aux religieuses *Ursulines*, *Carmélites* et *Visitendines*, afin d'embellir l'église de Port-Royal et obtenir les objets nécessaires au culte religieux?

> *Notre église est dans une pauvreté affreuse. Elle n'est couverte que de paille, les murs ne sont faits que de **colombage**, les vitres ne sont que de papier; il n'y a point de cloches, et on appelle le peuple à la sainte messe au son du tambour. A l'autel, on est obligé de se servir de chandelles, il n'y a ni gradin, ni chandelier, ni crucifix, ni **tableau**, ni encensoir. Il n'y a même pas une armoire pour serrer deux ou trois chasubles [...] et deux aubes presque usées. Mais ce qui est plus déplorable, le Saint Sacrement n'est conservé que dans une boîte de bois formée de quatre planches... Les Anglais ont enlevé un tabernacle qui était propre, les vases sacrés et tout le reste*[158].

La guerre de Succession d'Espagne

Puis, la guerre éclate en Europe, le 13 mai 1702. Cette fois-ci, le conflit concerne la succession du roi d'Espagne. Comme la France est impliquée, l'Acadie subit les conséquences de cette guerre. En effet, lors de la mort du roi d'Espagne, c'est Philippe V qui est devenu le nouveau roi. Philippe V est le petit-fils de Louis XIV, le roi de France. Plusieurs royautés européennes ont peur de l'unification des deux puissances : française et espagnole. Toutefois, une clause du testament du roi d'Espagne était claire : le futur roi d'Espagne devait renoncer à devenir roi de France. Malgré cela, en septembre 1701, le roi d'Angleterre, Guillaume III, unit quelques pays contre la France, qui a envahi les Pays-Bas espagnols (aujourd'hui la Belgique). L'Angleterre s'associe à l'Allemagne ainsi qu'aux Provinces-Unies (aujourd'hui la Hollande), et s'ajouteront le Danemark, le Portugal et la Savoie. Tous ces pays forment la *Grande Alliance* pour affronter la France et l'Espagne[159].

En août 1703, convaincu d'une attaque éventuelle de la part des Bostoniens, Philippe de Rigaud de Vaudreuil, gouverneur de la Nouvelle-France, demande à Michel Leneuf de La Vallière et de Beaubassin, major de Montréal (et ancien gouverneur de l'Acadie) d'attaquer le littoral du Massachusetts. Avant l'attaque, l'expédition canadienne s'arrête au fort Pentagouët et recrute des Abénaquis. Par la suite, ils ravagent les établissements

> **VERS D'AUTRES DÉCOUVERTES**
>
> La sœur Chausson mentionne plusieurs objets utilisés lors des cérémonies religieuses chez les catholiques : autel, crucifix, encensoir, chasuble, aube, Saint-Sacrement et tabernacle.
>
> Fais une recherche pour découvrir l'utilité de ces objets.
>
> Trouve une photo de ces objets et ajoute une description de ces objets pour comprendre à quoi cela sert.

SAVAIS-TU QUE...

Le roi d'Angleterre, Guillaume III, était décédé le 8 mars 1702?

Sans héritier, c'est sa belle-sœur Anne Stuart qui est devenue reine : la reine Anne d'Angleterre[160].

SAVAIS-TU QUE...

Ce n'était qu'en 1703 que la seigneurie de Port-Royal et des Mines avait été séparée?

En effet, c'est un arrêt du Conseil d'État du Roy, daté du 20 mars 1703, qui divise cette seigneurie en sept parties. Chacun des descendants d'Alexandre LeBorgne de Bélisle et de Jacques de La Tour reçoivent une partie de la grande seigneurie. Pisiguit et les Mines sont dorénavant des seigneuries distinctes de Port-Royal[161].

anglais au sud de la frontière acadienne, soit entre Casco et Wells (aujourd'hui dans l'état du Maine). Le 10 mars 1704, un autre contingent canadien et abénaquis attaque Deerfield, Massachusetts[162]. Une bonne partie de la ville est détruite et la moitié des 291 habitants a été tuée ou capturée[163].

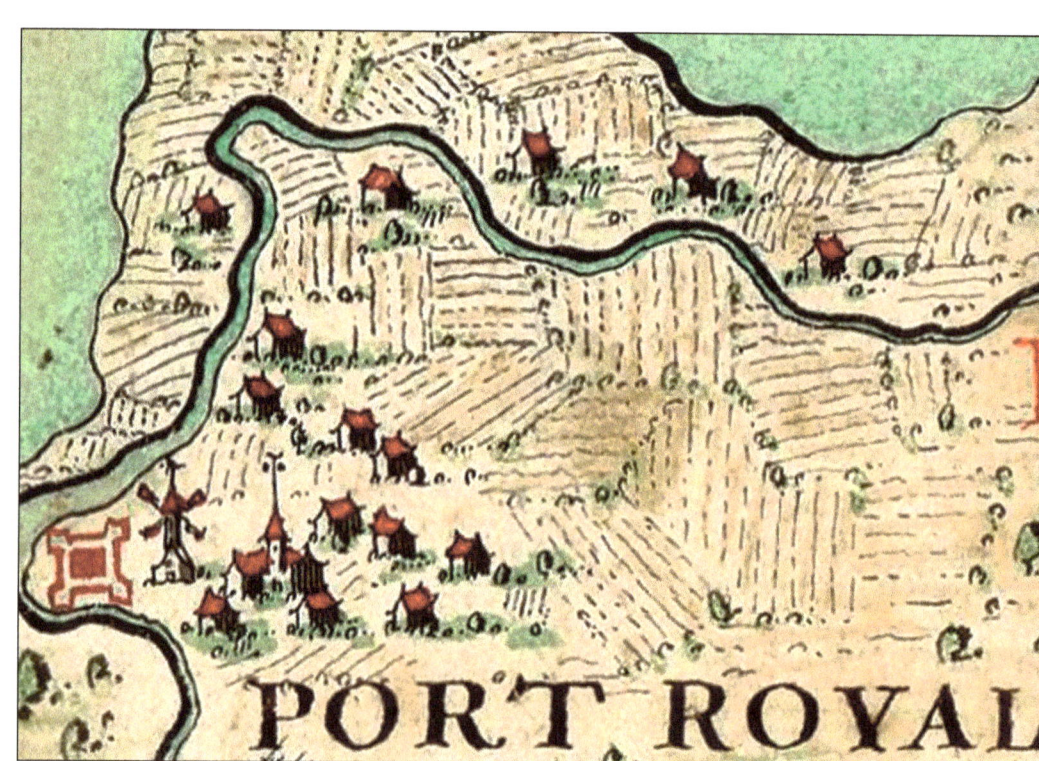

Port-Royal en 1702. Détail de la *Carte de l'Acadie contenant tous les Ports, Havres, Sondes & Mouillages qui font le long de ses côtes*, artiste inconnu, 1702. (Bibliothèque et Archives Canada, MIKAN n° 4125184).

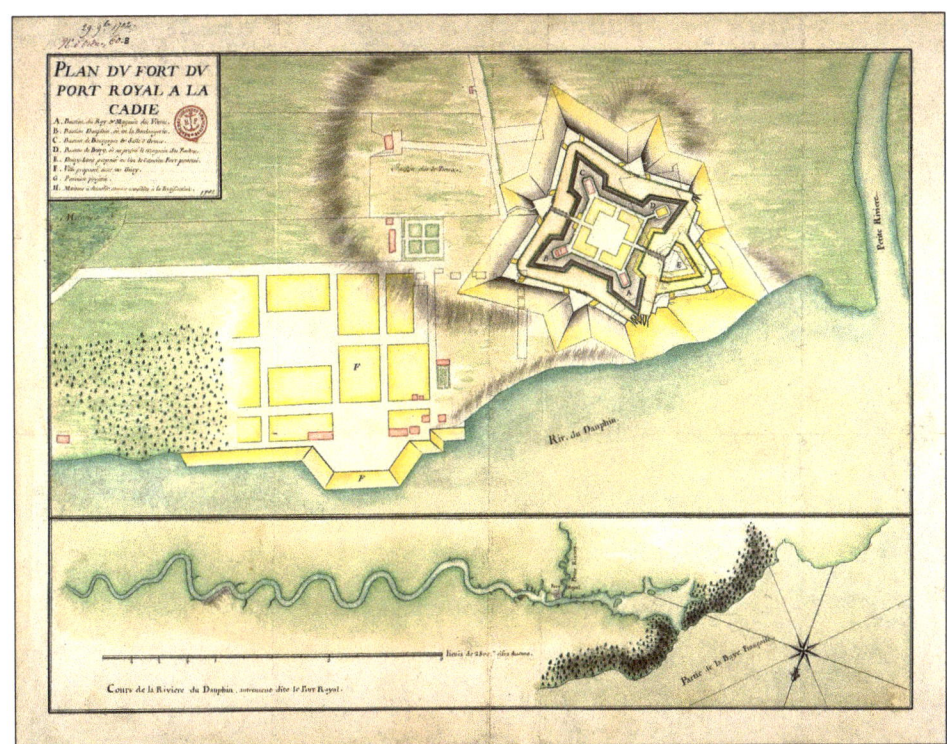

PASSE À L'ACTION

Compare la carte de Port-Royal de 1686 avec celle de 1702 (voir p. 77).

Vois-tu des changements entre les deux cartes ?

Plan du Fort du Port Royal a la Cadie, par Pierre-Paul de Labat, en 1702 (Bibliothèque et Archives Canada, MIKAN n° 4132703).

SAVAIS-TU QUE...

Le 2 décembre 1705, l'ingénieur Pierre-Paul de Labat avait écrit au ministre pour faire l'état de l'expropriation et des maisons à démolir situées près du fort du Port-Royal, afin d'agrandir les fortifications[164] ?

Cinq d'entre elles étaient situées du côté du vieux fort et appartenaient aux héritiers de Michel Boudrot, de Jean Blanchard, de François Gautrot, de Simon Pelletret et de Guillaume Trahan ; ces terrains figurent parmi les premières concessions à Port-Royal vers 1639. Ensuite, on retrouve le terrain appartenant aux héritiers d'Abraham Dugas qui était arrivé vers 1644. Les autres propriétaires, vivants à ce moment, étaient Louis Allain, Martin Aucoin ou Jean-Vincent d'Abbadie de Saint-Castin, Jean Belliveau, Simon-Pierre Denys de Bonaventure, Jean Labat dit Le Marquis, Marie de La Tour, épouse d'Alexandre Le Borgne de Belle-Isle, Jeanne-Angélique Loreau, épouse de Charles de La Tour, Charles Robichaud et Claude-Sébastien de Villieu[165].

SAVAIS-TU QUE…

Avant de rentrer en France, Claude-Sébastien de Villieu avait vendu sa maison de Port-Royal 4 000 écus aux Récollets en 1704, et ce, afin qu'ils la transforment en église[166] ?

Souviens-toi que l'église avait été brûlée par les soldats et miliciens de Phips en mai 1690. Entre 1690 et 1704, les Acadiens utilisaient la maison d'un Acadien au village pour les services religieux et ils utilisaient également la chapelle Saint-Laurent, située entre le hameau LeBlanc et le hameau Beaulieu[167].

Entre-temps, les Acadiens travaillent fort pour terminer la construction du fort à Port-Royal. Pour y arriver, le gouverneur de Brouillan impose une corvée de 12 jours aux Acadiens de Grand-Pré[168]. Cette main-d'œuvre supplémentaire augmente considérablement ceux qui y travaillent déjà, soit les soldats et les Acadiens de Port-Royal. En 1704, le régiment de Port-Royal compte 200 soldats, sans compter les miliciens[169].

La revanche de Church en 1704

À la suite de l'attaque de Deerfield, Joseph Dudley, gouverneur de Boston, décide de se venger. Il organise une expédition de 550 miliciens anglais pour attaquer l'Acadie, dont le major Benjamin Church. L'expédition quitte Boston à la fin du mois de mai 1704 et détruit toutes les habitations acadiennes à partir de la frontière de l'Acadie et du Massachusetts jusqu'au fort Pentagouët. Par la suite, Church déclare : « Nous avons tué et pris tout le monde, Français et Amérindiens[170] ». Lors de l'attaque à Pentagouët, Jean-Vincent d'Abbadie de Saint-Castin était en France depuis 1701. Toutefois, les Anglais capturent sa fille Cécile d'Abbadie de Saint-Castin, épouse de Meneux dit Châteauneuf, et elle est emprisonnée à Boston avec ses enfants[171].

Par la suite, les Bostoniens se rendent à Port-Royal. Ils entrent dans le bassin de Port-Royal le 1er juillet 1704 et ils attaquent le hameau des Melanson. Les maisons et les récoltes sont brûlées. Le bétail est abattu. Puis, une femme et quatre de ses enfants sont pris en otage. Le capitaine de la milice, Pierre LeBlanc, est prêt à capituler, mais pas le gouverneur de Brouillan[172]. Le long des berges de la rivière Dauphin, des Mi'kmaq et des miliciens acadiens tirent des coups de feu pour garder les Anglais loin du fort et du village de Port-Royal.

De son côté, le major Church dirige un contingent vers les Mines et arrive le 8 juillet. Malgré la défense de la milice acadienne, qui tue quelques miliciens anglais, Church et ses hommes réussissent à débarquer. À ce moment, Church ordonne la destruction de Grand-Pré. Plusieurs Acadiens réussissent à se cacher dans la forêt, en emmenant leurs animaux de ferme. Les Anglais brûlent les maisons, aussi probablement l'église, et brisent les digues. Les champs agricoles sont inondés, détruisant les futures récoltes. Plus d'une centaine d'Acadiens sont faits prisonniers dont le tiers sont des femmes[173].

Joseph Dudley. Source : James Grant Wilson et John Fiske, *Appletons' Cyclopædia of American Biography*, vol. 2 (Crane-Grimshaw), New York, D. Appleton and Compagny, 1888, p. 243.

Après l'attaque des Mines, le contingent anglais de Church brûle une douzaine de maisons et de fermes à Pisiguit et à Cobequit, et ce, en se rendant à Beaubassin. Il avait promis qu'il y retournerait pour « tuer, scalper et d'enlever tous les Français par la force[174] ». Plusieurs Acadiens ont le temps de se cacher en forêt. Toutefois, bon nombre est tué, incluant le curé de Beaubassin, Claude Trouvé. Les hommes de Church

SAVAIS-TU QUE...

Les Bostoniens vendaient des articles essentiels aux Acadiens dans les magasins de Port-Royal? On y trouve des articles pour la ferme : des haches, des bêches, des cerceaux de fer pour fabriquer des roues, des faux et des faucilles. Il y a aussi des articles pour la cuisine : des chaudrons, des couteaux, du sel et la mélasse, sans oublier du vin, du rhum et du cognac. On y achète aussi des tissus et du lainage pour fabriquer des vêtements, mais également des voiles pour les bateaux[175].

SAVAIS-TU QUE...

La maison à Port-Royal que Claude-Sébastien de Villieu avait vendu aux récollets en 1704, et qui servait d'église, avait brûlé lors de la première attaque de 1707? Encore une fois, les Acadiens ont dû utiliser un local temporaire à l'intérieur du fort ou la chapelle Saint-Laurent, située entre le hameau LeBlanc et le hameau Beaulieu. La nouvelle chapelle du fort a été construite seulement en 1709[176].

brûlent une vingtaine de maisons avant de partir. Les Anglais ravagent l'Acadie pendant 18 jours. Du côté de Port-Royal, de Brouillan résiste avec ses hommes et refuse de capituler. Le major Church convoque un conseil de guerre et décide de retourner à Boston, laissant les Acadiens au bord de la famine, ayant brûlé une bonne partie de leurs récoltes pour l'hiver[177].

Une période de paix

Le calme revenu en Acadie, le gouverneur de Brouillan fait venir du petit séminaire de Québec, Bernard-Anselme d'Abbadie de Saint-Castin, fils de Jean-Vincent qui est toujours en France. Malgré son jeune âge, 15 ans, de Brouillan veut que Bernard-Anselme dirige les Abénaquis de Pentagouët pour attaquer les villages sur le littoral du Massachusetts au sud de la frontière acadienne, en guise de représailles[178].

Par la suite, de Brouillan quitte pour la France pour des raisons de santé, mais aussi pour des problèmes avec la justice française. En quittant, il confie la gouvernance de l'Acadie à Simon-Pierre Denys de Bonaventure. Il avait été nommé « lieutenant de roi le 2 février 1702[179] ». À l'été 1705, de Brouillan quitte la France sur le navire *Le Profond* en direction de l'Acadie. Son état de santé l'a obligé de faire escale à Chedabouctou où il décède le 22 septembre 1705[180].

Le 10 avril 1706, le roi de France nomme Daniel d'Auger de Subercase gouverneur de l'Acadie. Auparavant, il était gouverneur de Plaisance à Terre-Neuve, et ce, depuis le 1er avril 1702. Simon-Pierre Denys de Bonaventure accueille de Subercase le 28 octobre 1706 à Port-Royal. De Subercase constate l'état lamentable de la colonie et du fort de Port-Royal qui s'affaisse à trois endroits. Dès les premiers jours après son arrivée, de Subercase fait réparer le fort et demande au gouverneur de la Nouvelle-France, de Rigaud de Vaudreuil, qu'on lui envoie des soldats en renfort. Au printemps de 1707, de Subercase accueille 60 soldats et matelots canadiens envoyés par de Rigaud de Vaudreuil[181].

Daniel d'Auger de Subercase.
Source : Philias-Frédéric Bourgeois, *L'histoire du Canada*, Montréal, Librairie Beauchemin, 1913, p. 58.

La première attaque de 1707

Pour se venger des attaques auprès des villages sur le littoral du Massachusetts, que le gouverneur Dudley du Massachusetts propose une attaque contre l'Acadie. Il veut aussi se venger des assauts de Pierre Morpain, un soldat français de Saint-Domingue (aujourd'hui Haïti), qui attaque et vole des bateaux de pêche et de ravitaillements britanniques. Après avoir reçu l'appui du tribunal général du Massachusetts, Dudley organise l'attaque contre l'Acadie. À la fin du mois de mai 1707, le colonel John March quitte Boston avec 1 600 hommes en direction de Port-Royal. Une vingtaine de navires arrive dans la soirée

SAVAIS-TU QUE...

L'Angleterre et l'Écosse vont s'unir en 1707 et le nouveau royaume est nommé la Grande-Bretagne[182].

Dès lors, les habitants sont des Britanniques.

du 17 juin. Toutefois, ils attendent le lendemain matin pour débarquer des bateaux et pour faire une attaque-surprise[183].

En voyant l'ennemi arrivé, plusieurs Acadiens réussissent à se cacher à l'intérieur du fort de Port-Royal. Au même moment, les soldats et les miliciens s'organisent pour défendre la colonie. L'attaque dure pendant dix jours. Des miliciens, des Mi'kmaq ainsi que Bernard-Anselme d'Abbadie de Saint-Castin et ses Abénaquis font des *embuscades* et réussissent à tuer quelques Britanniques. Avant de repartir le 28 juin, les Britanniques brûlent les maisons autour du fort. Au total, 80 Britanniques sont tués. Du côté acadien, une seule personne a perdu la vie et quelques Acadiens sont blessés. Les Britanniques ont aussi tué plusieurs animaux et détruit plusieurs récoltes[184].

La deuxième attaque de 1707

Lorsque le gouverneur Dudley apprend la défaite des troupes du colonel March lors de leur retour à Boston, il est furieux et décide d'attaquer à nouveau l'Acadie. Les troupes quittent Boston peu de temps après avec 600 hommes supplémentaires ; ils sont maintenant un peu plus de 2 000 hommes. C'est le 20 août qu'ils arrivent à Port-Royal[185].

Alors que les Britanniques montent leurs campements, de Subercase envoie des miliciens acadiens et mi'kmaq les attaquer. Ils réussissent à tuer six Britanniques et à en capturer deux. Entre-temps, les soldats acadiens bombardent sans cesse les Britanniques et finissent par se retirer dans la forêt. En se rendant à leurs navires, les Britanniques sont à nouveau surpris par une soixantaine d'Abénaquis qui tirent plusieurs coups de feu. Avant même que les Britanniques organisent une attaque contre le fort de Port-Royal, de Subercase s'installe avec 250 hommes en retranchements au ruisseau du Moulin (aujourd'hui Allain River). Avec pour résultat de dissuader les Britanniques qui commencent à se replier.

Entre-temps, un autre contingent de 60 hommes acadiens et autochtones, dirigé par Louis-Simon Le Poupet de La Boularderie, capitaine d'infanterie et sous-lieutenant dans la marine, et Bernard-Anselme d'Abbadie de Saint-Castin, attaque un groupe de Britanniques qui se reposent dans un champ de blé. Toutefois, la bataille commence avec « un vif combat corps à corps, à coups de haches et de crosses de fusils ». Une quinzaine d'Acadiens et Autochtones sont blessés. Alors que du côté britannique, 120 hommes sont tués. La dernière bataille s'est tenue le 31 août pendant laquelle les Britanniques se replient dans la confusion, puis ils repartent pour Boston. À leur arrivée, le colonel March est obligé de démissionner devant l'échec de ces deux attaques.

SAVAIS-TU QUE...

Le colonel Samuel Vetch avait présenté un plan de conquête de l'Acadie et de la Nouvelle-France à la reine Anne d'Angleterre, le 27 juillet 1708[185]?

Dans son plan, il prévoyait même déporter les Acadiens en Martinique et les remplacer par les Écossais protestants[187].

SAVAIS-TU QUE...

Le général Francis Nicholson, de Boston, avait été autorisé à promettre des terres en Acadie si elle était conquise, et ce, en guise de récompense à la participation des miliciens de la Nouvelle-Angleterre[188]?

Après le départ des Britanniques, les Acadiens réparent le fort et reconstruisent ce qui a été détruit, tout en se préparant à l'hiver qui approche. De son côté, le gouverneur de Subercase demande une aide financière au roi de France, mais en vain. Pour aider les Acadiens, de Subercase donne une partie de sa literie et de ses vêtements; il a même vendu son argenterie pour financer les réparations du fort[189].

'Acadie est-elle abandonnée?

En 1708 et 1709, du côté européen, la guerre de la Succession d'Espagne se poursuit. La France se défend contre les pays de la *Grande Alliance*. Comme de Subercase prévoyait des représailles des Britanniques, il demande à nouveau une aide financière et de nouvelles recrues pour défendre l'Acadie. Toutefois, toute l'énergie et les ressources sont vouées à la guerre de la Succession d'Espagne, en Europe. Dans sa réponse, le ministre écrit à de Subercase que « le roi abandonnerait la colonie, si elle continue d'être aussi à charge ». Les Acadiens se sentent abandonnés par le roi de France, Louis XIV. De Subercase n'a pas d'autre choix que de se tourner vers Pierre Morpain et Bernard-Anselme d'Abbadie de Saint-Castin. Ces derniers attaquent des bateaux britanniques pour voler leurs cargaisons. Ils apportent ensuite le fruit de leur vol à Port-Royal, soit des ravitaillements et des minutions. Ceci alimente les frustrations des Britanniques contre les Acadiens. Puis, les Acadiens de Port-Royal sont atteints par une épidémie de fièvre pourprée qui cause plusieurs décès[190].

L'ultime bataille

C'est le 29 septembre 1710 que la flotte de 36 bateaux est partie de Boston en direction de Port-Royal. À bord, il y a un régiment de soldats britanniques et quatre régiments de miliciens provenant du Massachusetts, du Connecticut, du Rhode Island et du New Hampshire. Ces 2 000 hommes armés sont sous la direction du général Francis Nicholson et de son adjudant général, c'est-à-dire son bras droit, le colonel Samuel Vetch[191].

Le contingent armé arrive dans la soirée du 5 octobre 1710 à Port-Royal. Averti de l'arrivée des Britanniques, de Subercase fait tirer un coup de canon pour avertir la population acadienne, afin qu'elle se réfugie à l'intérieur du fort. Pour défendre l'Acadie, il y avait 156 soldats, une centaine de miliciens acadiens, ainsi que quelques Canadiens. En tout, ils sont moins de 300 hommes. Cette fois-ci, les Mi'kmaq et les Abénaquis ne se sont pas impliqués dans la défense de la colonie. Ils étaient insatisfaits des récompenses reçues lors des deux attaques de 1707, mais aussi du très bas salaire qu'ils recevaient en échange des peaux de castor[192].

> **POINT DE VUE**
>
> De Subercase a été le dernier et le plus remarquable gouverneur de l'Acadie[193].
>
> Es-tu d'accord avec cette affirmation ?
>
> Explique pourquoi en tes mots.

> **PASSE À L'ACTION**
>
> Sur une carte de l'Acadie, identifie tous les endroits qui ont servi de capitale de l'Acadie entre 1654 et 1710.
>
> N'oublie pas d'identifier les années où cet endroit a été la capitale.

SAVAIS-TU QUE...

En 1710, la population acadienne était estimée à 1 700 personnes ? Alors qu'en Nouvelle-France, elle était estimée à 16 000 personnes et qu'en Nouvelle-Angleterre, il y avait près de 357 000 personnes[194].

SAVAIS-TU QUE...

Dès 1710, une famille acadienne était déjà établie sur le territoire qui allait devenir le village de Tatamagouche en Nouvelle-Écosse ? Elle provenait de Cobequit[195].

SAVAIS-TU QUE...

Avec la chute de l'Acadie, il n'y avait plus d'école pour les Acadiens ?

Les rares prêtres sur le territoire de la Nouvelle-Écosse de 1710 à 1755 n'ont pas les moyens, ni le temps d'enseigner aux jeunes acadiens. Le taux d'analphabétisation augmente dramatiquement à partir de 1710. « Après 1745, très peu peuvent signer leur nom » dans le registre à l'église ou dans des documents officiels[196].

Le matin du 6 octobre, le général Nicholson envoie un message au gouverneur de Subercase, lui demandant de capituler. Sans réponse, Nicholson fait débarquer ses troupes pour attaquer le fort de Port-Royal. C'est alors que les soldats français tirent des coups de canon. Ceci les a ralentis, mais pas arrêtés comme en 1707. Les soldats britanniques réussissent à se camoufler, à creuser des tranchées et à construire des abris. Entre-temps, un bateau britannique qui était bien placé lance des bombes en direction du fort, et ce, même pendant la nuit[197].

La capitulation de l'Acadie de 1710

Le 12 octobre, un coup de canon britannique atteint un des coins du magasin à poudre. De justesse, les Acadiens évitent le pire. Apeurés, cinq soldats et 50 miliciens désertent le fort. Dès lors, les Acadiens demandent à de Subercase de capituler. Le gouverneur convoque un conseil de guerre avec ses officiers le lendemain. À bout de ressources, tous sont d'accord pour capituler. La capitulation est officialisée le 13 octobre. Par la suite, il y a eu un échange d'otages. Les Acadiens de Port-Royal prêtent un serment d'allégeance à la reine de la Grande-Bretagne pour demeurer en Acadie et conserver leurs biens. Toutefois, les Acadiens avaient deux ans pour quitter la colonie sans problème. Les 156 soldats français sont sortis du fort au son des tambours. Au total, 258 personnes quittent en

Chapitre 3 Le développement et les bouleversements de l'Acadie (1654-1710)

direction de La Rochelle, en France, à bord de trois bateaux. Il s'agit essentiellement des officiers et des soldats, mais aussi quelques familles. Finalement, ils arrivent à Nantes, en France, le 1er décembre. Un conseil de guerre est mis sur pied. Le gouverneur de Subercase et ses officiers, le gouverneur de Rigaud de Vaudreuil et le ministre sont accusés de négligence. Ils sont acquittés par la suite[198].

Voici l'acte de capitulation de Port-Royal, le 13 octobre 1710 :

> *La garnison sortira en ordre de bataille avec armes et bagages, tambours battants et les couleurs au vent. Il lui sera fourni les navires et les provisions suffisantes pour se rendre à la Rochelle ou à Rochefort. Elle emmènera avec elle six canons et deux **mortiers** à son choix. Les officiers emmèneront tous leurs effets. Les habitants qui demeurent dans le rayon de Port-Royal auront le droit de conserver leurs héritages, récoltes, bestiaux et meubles, en prêtant le serment d'allégeance; s'ils s'y refusent, ils auront deux ans pour vendre leurs propriétés et se retirer dans un autre pays. Les ornements et les vases sacrés de la chapelle seront remis à l'**aumônier**; il sera fourni un vaisseau aux **corsaires** des Antilles pour leur rapatriement, etc., etc*[199].

POINT DE VUE

Crois-tu que les changements de capitale ont favorisé le développement et la colonisation de l'Acadie ?

PASSE À L'ACTION

Compare la capitulation du 16 août 1654 (voir le chapitre 2, p. 54-56) avec celle du 13 octobre 1710.

Est-ce que les Acadiens ont eu les mêmes avantages ?

Quelles sont les différences entre les deux capitulations ?

POINT DE VUE

Comment qualifies-tu cette deuxième partie de l'histoire acadienne ?

D'après toi, quels ont été le ou les obstacles au développement de l'Acadie entre 1654 et 1710 ?

Les dates à retenir

1655 (3 novembre)
La France demande à l'Angleterre de lui rendre l'Acadie lors du Traité de Westminster.

1667 (31 juillet)
Le traité de Bréda rend l'Acadie à la France.

1670 (7 juillet)
La restitution de l'Acadie est signée entre Temple et d'Andigné de Grandfontaine.

1672
Le gouverneur de Frontenac détermine que l'Acadie est dorénavant une division administrative de la Nouvelle-France.

1674 (7 août)
Des corsaires hollandais dirigés par Jurriaen Aernoutz et soudoyés par des autorités bostoniennes attaquent, pillent et démantèlent les forts Pentagouët et Jemseg. Ils renomment la région Nouvelle-Hollande.

1686 (16 novembre)
Louis XIV, roi de France, et Jacques II, roi d'Angleterre, signent le traité de Whitehall. Il est connu aussi sous le nom du traité de neutralité américaine, puisqu'il est mentionné dans ce traité que même si la guerre est déclenchée en Europe, les colonies en Amérique ne seraient pas impliquées.

1690 (19 mai)
Sir William Phips s'empare de Port-Royal.

1691 (7 octobre)
L'Acadie est annexée à la colonie du Massachusetts et est renommée une autre fois Nouvelle-Écosse.

1692
Robinau de Villebon reprend une bonne partie l'Acadie et les Acadiens prêtent le serment d'allégeance au roi de France.

1695 (août)
Port-Royal est à nouveau envahi par les Anglais, sous le commandement de Fleetwood Emes et impose le serment d'allégeance au roi d'Angleterre.

1696 (septembre)
Le major Benjamin Church attaque le fort Pentagouët, Beaubassin et le fort Nachouac.

1697 (20 septembre)
Le traité de Ryswick rend l'Acadie et Terre-Neuve à la France.

1702 (13 mai)
La guerre de Succession d'Espagne éclate. Elle implique la France, donc l'Acadie.

1704
Le major Benjamin Church se venge et attaque l'Acadie.

1707
L'Acadie est attaquée deux fois, mais elle résiste.

1710 (13 octobre)
C'est l'ultime capitulation de l'Acadie qui a été attaquée une autre fois par les Britanniques. Après la capitulation de Port-Royal, l'Acadie reprend définitivement le nom de Nouvelle-Écosse.

Liste des gouverneurs et administrateurs de l'Acadie

- Charles de Saint-Étienne de La Tour • John Leverett pour Thomas Temple   1654 à 1656
- Thomas Temple / Charles de Saint-Étienne de La Tour • Emmanuel Le Borgne   1657 à 1667
- Alexandre LeBorgne de Belle-Isle   1668 à 1669
- Hector d'Andigné de Grandfontaine   1670 à 1673
- Jacques de Chambly   1673 à 1677
- Pierre de Joybert de Soulanges et de Marson   1677 à 1678
- Michel Leneuf de La Vallière et de Beaubassin   1678 à 1684
- François-Marie Perrot   1684 à 1687
- Louis-Alexandre des Friches de Meneval   1687 à 1690
- Edward Tyng   1691
- Joseph Robinau de Villebon   1691 à 1700
- Claude-Sébastien de Villieu   1700 à 1701
- Jacques-François de Monbeton de Brouillan de Saint-André   1701 à 1705
- Simon-Pierre Denys de Bonaventure, par intérim   1704 à 1706
- Daniel d'Auger de Subercase   1706 à 1710

Source : Nicolas Landry et Nicole Lang, *Histoire de l'Acadie*, Québec, Septentrion, 2001, p. 35.

Conclusion

L'*Histoire de l'Acadie de la fondation aux déportations* peut se résumer en l'histoire de l'appropriation du territoire des Mi'kmaq, mais aussi des Malécites et des Abénaquis. C'est la méconnaissance du territoire nord-américain des rois de France et d'Angleterre qui est au cœur des conflits entre les Français et les Anglais. Or, ce sont les Français qui les premiers y installent une colonie en 1604. Malgré cela, les guerres européennes ont un impact direct sur la colonie acadienne, sans oublier l'influence du conflit religieux entre les catholiques et les protestants. Dès 1613, l'Acadie est attaquée par les Anglais. Lorsque la guerre éclate entre la France et l'Angleterre en 1627, il ne restait que l'établissement de Cap-Sable sous la gouverne de Charles de La Tour. Puis, en 1629, les Anglais établissent la colonie écossaise de fort Charles, près de l'ancien établissement de Port-Royal. Le traité de Saint-Germain-en-Laye est signé en 1632 et l'Acadie revient à la France. La colonie acadienne se développe jusqu'aux attaques de Sedgwick en 1654. Par la suite, l'Acadie devient officiellement anglaise jusqu'à sa restitution à la France en 1670. Dès lors, l'Acadie reprend son développement. Elle est ensuite attaquée par les Anglais en 1690 et remise à nouveau à la France lors du traité de Ryswick en 1697. L'Acadie est encore une fois attaquée par les Anglais en 1704, ainsi que par les Britanniques en 1707 et en 1710, moment où les Acadiens capitulent pour une dernière fois. Que deviennent alors les Acadiens ? Vous le découvrirez dans le deuxième tome qui couvre la période de 1710 à 1763.

Annotations

Notes du chapitre 1

1. Peter E. Pope, « Activités économiques. Baleiniers basques », *Musée virtuelle de la Nouvelle-France* [En ligne], http://www.museedelhistoire.ca/musee-virtuel-de-la-nouvelle-france/activites-economiques/baleiniers-basques/ (Consulté le 5 mars 2018).
2. Nicolas Landry et Nicole Lang, *Histoire de l'Acadie*, Québec, Septentrion, 2001, p. 59.
3. A.J.B. Johnston et Francis Jesse, *Ni'n na L'nu : les Mi'kmaq de l'Île-du-Prince-Édouard*, Tracadie, La Grande Marée, 2014, p. 5 et 21.
4. Alexandre Dubé, « Tradition, bouleversement, survie : L'art touristique mi'kmaq », *Musée McCord* [En ligne], http://www.musee-mccord.qc.ca/scripts/printtour.php?tourID=VQ_P1_3_FR&Lang=2 (Consulté le 21 septembre 2017).
5. Jacques Leclerc, « La famille basque », *L'aménagement linguistique dans le monde.* [En ligne], http://www.axl.cefan.ulaval.ca/monde/fambasque.htm (Consulté le 5 mars 2018).
6. Sa'n, « Premiers occupants. Depuis toujours les Indiens ont vécu ici. Il y a longtemps... », *Mi' kma' ki internet igtug* [En ligne], http://www.astrosante.com/PremiersAmgwesewajuit.html (Consulté le 21 septembre 2017).
7. Jacques Leclerc, « La famille basque », *L'aménagement linguistique dans le monde.* [En ligne], http://www.axl.cefan.ulaval.ca/monde/fambasque.htm (Consulté le 5 mars 2018).
8. Michel Noël, *Amérindiens et Inuit du Québec*, Québec, Éditions Sylvain Harvey, 2003, p. 8.
9. Monsieur de Diéreville, *Voyage du Sieur de Diéreville en Acadie : précédé d'une introduction et suivi de notes et d'extraits / par L. Urgèle Fontaine*, Québec, Imprimerie A. Côté et cie, 1885, p. 85-86.
10. Nicolas Landry, *La Cadie. Frontière du Canada. Micmacs et Euro-canadiens au Nord-Est du Nouveau-Brunswick, 1620-1850*, Québec, Septentrion, 2013, p. 83-86. –, *Relations des Jésuites. 1611-1636*, Tome 1 (année 1611), Montréal, Éditions du Jour, 1972, p. 9-11.
11. Naomi E.S. Griffiths, *L'Acadie de 1686 à 1784. Contexte d'une histoire*, Moncton, Éditions d'Acadie, 1997, p. 22.
12. Sa'n, « Légendes amérindiennes/L'nu a'tukwaqann », *Mi' kma' ki internet igtug* [En ligne], http://www.astrosante.com/legendes_amerindiennes.html (Consulté le 21 septembre 2017).
13. Monsieur de Diéreville, *Voyage du Sieur de Diéreville en Acadie : précédé d'une introduction et suivi de notes et d'extraits/par L. Urgèle Fontaine*, Québec, Imprimerie A. Côté et cie, 1885, p. 96-97.
14. Harvey A. McCue, « Réserves », *Encyclopédie canadienne* [En ligne], http://encyclopediecanadienne.ca/fr/article/reserves-2/ (Consulté le 19 mars 2018).

15. Monsieur de Diéreville, *Voyage du Sieur de Diéreville en Acadie : précédé d'une introduction et suivi de notes et d'extraits/par L. Urgèle Fontaine*, Québec, Imprimerie A. Côté et cie, 1885, p. 94-95.

16. *Ibid.*, p. 100-101.

17. *Ibid.*, p. 95-96.

18. Monsieur de Diéreville, *Voyage du Sieur de Diéreville en Acadie : précédé d'une introduction et suivi de notes et d'extraits/par L. Urgèle Fontaine*, Québec, Imprimerie A. Côté et cie, 1885, p. 83.

19. *Ibid.*, p. 84.

20. Monsieur de Diéreville, *Voyage du Sieur de Diéreville en Acadie : précédé d'une introduction et suivi de notes et d'extraits/par L. Urgèle Fontaine*, Québec, Imprimerie A. Côté et cie, 1885, p. 80-82.

21. Stephen A. White, *Dictionnaire généalogique des familles acadiennes, première partie, 1636 à 1714*, tome II (H à Z), Moncton, Centre d'études acadiennes, 1999, p. 974 et 1433.

22. Maqtewékpaqtism, « Mi'kmaq Grand Council flag », *Mi'kmaq (Canada)* [En ligne], http://flagspot.net/flags/ca_micmc.html (Consulté le 24 septembre 2017).

Notes du chapitre 2

1. Sally Ross et J. Alphonse Deveau, *Les Acadiens de la Nouvelle-Écosse. Hier et aujourd'hui*, Moncton, Les éditions d'Acadie, 1995, p. 25.

2. Sally Ross et J. Alphonse Deveau, *Les Acadiens de la Nouvelle-Écosse. Hier et aujourd'hui*, Moncton, Les éditions d'Acadie, 1995, p. 25.

3. « Arrivé dans la région de Washington au mois d'avril, il trouve la végétation si luxuriante qu'il surnomme l'endroit *Arcadie* en souvenir de cette région de la Grèce antique dont les poètes ont célébré l'innocence et la joie de vivre. » Jean Daigle (dir.), *L'Acadie des Maritimes. Études thématiques des débuts à nos jours*, Moncton, Chaire d'études acadiennes, 1993, p. 2.

4. Naomi E.S. Griffiths, *L'Acadie de 1686 à 1784. Contexte d'une histoire*, Moncton, Éditions d'Acadie, 1997, p. 5.

5. Nicolas Landry et Nicole Lang, *Histoire de l'Acadie*, Québec, Septentrion, 2001, p. 19.

6. Sally Ross et J. Alphonse Deveau, *Les Acadiens de la Nouvelle-Écosse. Hier et aujourd'hui*, Moncton, Les éditions d'Acadie, 1995, p. 28-29.

7. Jacques Lacoursière, Jean Provencher et Denis Vaugeois, *Canada-Québec. Synthèse historique*, Montréal, Éditions du Renouveau pédagogique, 1976, p. 81-82.
8. Nicolas Landry et Nicole Lang, *Histoire de l'Acadie*, Québec, Septentrion, 2001, p. 15.
9. Bona Arsenault, *Histoire des Acadiens*, Québec, Éditions Fides, 1994, p. 23.
10. Nicolas Landry et Nicole Lang, *Histoire de l'Acadie*, Québec, Septentrion, 2001, p. 22.
11. Louis Hébert est le cousin de Claude Pajot, l'épouse de Jean de Biencourt de Poutrincourt.
12. Jean Daigle (dir.), *L'Acadie des Maritimes. Études thématiques des débuts à nos jours*, Moncton, Chaire d'études acadiennes, 1993, p. 3.
13. –, *Relations des Jésuites. 1611-1636*, Tome 1 (année 1611), Montréal, Éditions du Jour, 1972, p. 28-29.
14. Huia G. Ryder (collaboration), « Jean de Biencourt de Poutrincourt et de Saint-Just », *Dictionnaire biographique du Canada* [En ligne], http://www.biographi.ca/fr/bio/biencourt_de_poutrincourt_et_de_saint_just_jean_de_1F.html (Consulté le 2 avril 2018).
15. Nicolas Landry et Nicole Lang, *Histoire de l'Acadie*, Québec, Septentrion, 2001, p. 24.
16. Jean Daigle (dir.), *L'Acadie des Maritimes. Études thématiques des débuts à nos jours*, Moncton, Chaire d'études acadiennes, 1993, p. 4.
17. « Une lettre de Charles de Saint-Étienne de La Tour, à Louis XIII, en date du 25 juillet 1627, rapporte que Biencourt « est mort depuis quatre ans », mais un passage des *Voyages* de Champlain a convaincu certains historiens de fixer à 1624 l'année de sa mort. » Huia G. Ryder (collaboration), « Charles Biencourt de Saint-Just », *Dictionnaire biographique du Canada* [En ligne], http://www.biographi.ca/fr/bio/biencourt_de_saint_just_charles_de_1F.html (Consulté le 2 avril 2018). « Depuis quatre ans qu'il est mort » –, « Quelques lettres relatives aux colonies (de Charles de La Tour, 25 juillet 1627) », *Bulletin de la Société de l'histoire de France*, nº 8, août-septembre 1853, p. 136.
18. Il y a une confusion concernant la date du déménagement de la colonie. Certains auteurs affirment que c'est en 1617. Sally Ross et J. Alphonse Deveau, *Les Acadiens de la Nouvelle-Écosse. Hier et aujourd'hui*, Moncton, Les éditions d'Acadie, 1995, p. 37. D'autres disent que c'est en 1618. Caroline St-Louis, *Regard du Massachusetts sur l'Acadie – Le journal de Winthrop 1630-1649*, Tracadie, La Grande Marée, 2009, p. 37. Alors que d'autres disent que c'est après la mort de Biencourt en 1623. George MacBeath, « Charles de Saint-Étienne de La Tour », *Dictionnaire biographique du Canada* [En ligne], http://www.biographi.ca/fr/bio/saint_etienne_de_la_tour_charles_de_1593_1666_1F.html (Consulté le 3 avril 2018).
19. Jean Daigle (dir.), *L'Acadie des Maritimes. Études thématiques des débuts à nos jours*, Moncton, Chaire d'études acadiennes, 1993, p. 4.
20. Nicolas Landry, *La Cadie. Frontière du Canada. Micmacs et Euro-canadiens au Nord-Est du Nouveau-Brunswick, 1620-1850*, Québec, Septentrion, 2013, p. 109-113.

21. *Ibid.*, p. 26.
22. Sally Ross et J. Alphonse Deveau, *Les Acadiens de la Nouvelle-Écosse. Hier et aujourd'hui, Moncton*, Les éditions d'Acadie, 1995, p. 33.
23. Sally Ross et J. Alphonse Deveau, *Les Acadiens de la Nouvelle-Écosse. Hier et aujourd'hui*, Moncton, Les éditions d'Acadie, 1995, p. 37.
24. Julie Toupin, *Redonner vie à une collection : Les terres cuites communes du fort La Tour*, Mémoire présenté à la Faculté des études supérieures de l'Université Laval, mars 2003, p. 28.
25. –, « Huit guerres de religion », *Herodote.net* [En ligne], https://www.herodote.net/Huit_guerres_de_religion-synthese-150-25.php (Consulté le 4 avril 2018).
26. Caroline St-Louis, *Regard du Massachusetts sur l'Acadie – Le journal de Winthrop 1630-1649*, Tracadie, La Grande Marée, 2009, p. 38.
27. *Ibid.* –, « Fort La Tour », *University of New Brunswick* [En ligne], http://www.unb.ca/nbmhp-database/st.-john-county/city-of-saint-john-points-of-interest/fort-la-tour.php (Consulté le 4 avril 2018).
28. Bona Arsenault, *Histoire des Acadiens*, Québec, Éditions Fides, 1994, p. 17.
29. Matteo Binasco, « Capucins, jésuites et récollets en Acadie de 1610 à 1710 : une première évangélisation assez chaotique », *Histoire et missions chrétiennes*, vol. 2, n° 2, 2007, p. 167.
30. Michel Roy, *L'Acadie des origines à nos jours. Essai de synthèse historique*, Montréal, Québec/Amérique, 1981, p. 41.
31. Selon « une *analyse* ou un *résumé détaillé* d'une lettre datée du 16 avril 1634, que le Commandeur Isaac de Razilly adressait à Marc Lescarbot ». Monique Hivert-Le Faucheux, « La vie quotidienne en Acadie au temps de Razilly : le témoignage d'un document manuscrit », *Les Cahiers de la Société historique acadienne*, vol. 26, n° 2, avril-juin 1995, p.122.
32. Selon « une *analyse* ou un *résumé détaillé* d'une lettre datée du 16 avril 1634, que le Commandeur Isaac de Razilly adressait à Marc Lescarbot ». Monique Hivert-Le Faucheux, « La vie quotidienne en Acadie au temps de Razilly : le témoignage d'un document manuscrit », *Les Cahiers de la Société historique acadienne*, vol. 26, n° 2, avril-juin 1995, p. 122.
33. Theophraste Renaudot, « Gazette de Renaudot, année 1632, p. 282 », *Bibliothèque nationale de France* [En ligne], http://gallica.bnf.fr/ark:/12148/cb32780022t/date (Consulté le 31 mars 2018).
34. Theophraste Renaudot, *Recueil des gazettes, nouvelles, Relations & autres choses Memorables de toute l'Annee 1633. Dedie au roy*. Paris, Au Bureau d'Adresse, 1634, p. 70. : « après avoir deschargé aux dunes de la coste d'Angleterre les quarante-six Ecossois qui estoient au Port Royal. » Texte cité dans : Geneviève Massignon, *Les parlers français d'Acadie*, enquête linguistique, Volume 1, Paris, Librairie C. Khncksieck, 1962, p. 18.

35. Nicolas Landry et Nicole Lang, *Histoire de l'Acadie*, Québec, Septentrion, 2001, p. 28.
36. Theophraste Renaudot, *Recueil des gazettes, nouvelles, Relations & autres choses Memorables de toute l'Annee 1633. Dedie au roy. Paris*, Au Bureau d'Adresse, 1634 : « La Rochelle, le 6 mars 1633. Le sieur de La Tour fait à la fin de ce mois son embarquement en cette ville : d'où il passera en son habitation du fort de La Tour au Cap Negre, dont il est lieutenant général pour le Roy, en la coste de Lacadie, païs de la Nouvelle France. » Texte cité dans : Geneviève Massignon, *Les parlers français d'Acadie, enquête linguistique*, Volume 1, Paris, Librairie C. Khncksieck, 1962, p. 18-19.
37. Nicolas Landry, *La Cadie. Frontière du Canada. Micmacs et Euro-canadiens au Nord-Est du Nouveau-Brunswick, 1620-1850*, Québec, Septentrion, 2013, p. 150.
38. René Baudry, « Nicolas Le Creux Du Breuil », *Dictionnaire biographique du Canada* [En ligne], http://www.biographi.ca/fr/bio/le_creux_du_breuil_nicolas_1F.html (Consulté le 1er avril 2018).
39. *Ibid.*, p. 115.
40. « Une fois endigué, le marais était lessivé en partie de son contenu en sel par les pluies. Il fallait compter deux ans en moyenne avant de mettre les terres en culture. » Mais, un mémoire de Bonaventure daté de 1701 démontre qu'« Il faut apres Cela quatre Ans a Les Desaler avan que dy pouvoir Sumé Aucun grain. » Marc Lavoie, « Les aboiteaux acadiens : origines, controverses et ambiguïtés », *Port Acadie*, nos 13-14-15, printemps 2008 – automne 2008 – printemps 2009, p. 134-135.
41. Geneviève Massignon, « La seigneurie de Charles de Menou d'Aulnay, gouverneur de l'Acadie, 1635-1650 », *Revue d'histoire de l'Amérique française*, vol. 16, no 4, mars 1963, p. 484.
42. Stephen A. White, *Dictionnaire généalogique des familles acadiennes, première partie, 1636 à 1714*, tome I (A à G), Moncton, Centre d'études acadiennes, 1999, p. 329.
43. Marc Lavoie, « Les aboiteaux acadiens : origines, controverses et ambiguïtés », *Port Acadie*, nos 13-14-15, printemps 2008 – automne 2008 – printemps 2009, p. 126.
44. Stephen A. White, *Dictionnaire généalogique des familles acadiennes, première partie, 1636 à 1714*, tome II (H à Z), Moncton, Centre d'études acadiennes, 1999, p. 1369.
45. Nicolas Landry et Nicole Lang, *Histoire de l'Acadie*, Québec, Septentrion, 2001, p. 27.
46. « C'est Charles d'Aulnay, son successeur, qui assuma de transporter le centre de la colonie à Port-Royal entre 1635 et 1640. » Michel Roy, *L'Acadie des origines à nos jours. Essai de synthèse historique*, Montréal, Québec/Amérique, 1981, p. 43.
47. Nicolas Landry, *La Cadie. Frontière du Canada. Micmacs et Euro-canadiens au Nord-Est du Nouveau-Brunswick, 1620-1850*, Québec, Septentrion, 2013, p. 150.
48. Stephen A. White, *Dictionnaire généalogique des familles acadiennes, première partie, 1636 à 1714*, tome II (H à Z), Moncton, Centre d'études acadiennes, 1999, p. 1433. Sally Ross et J. Alphonse Deveau, *Les Acadiens de la*

Nouvelle-Écosse. Hier et aujourd'hui, Moncton, Les éditions d'Acadie, 1995, p. 44. Nicolas Landry et Nicole Lang, *Histoire de l'Acadie*, Québec, Septentrion, 2001, p. 30. M. Delafosse, « La Rochelle et le Canada au XVIIe siècle », *Revue d'histoire de l'Amérique française*, vol. 4, n° 4, mars 1951, p. 487.

49. Caroline St-Louis, *Regard du Massachusetts sur l'Acadie – Le journal de Winthrop 1630-1649*, Tracadie, La Grande Marée, 2009, p. 111.

50. Caroline St-Louis, *Regard du Massachusetts sur l'Acadie – Le journal de Winthrop 1630-1649*, Tracadie, La Grande Marée, 2009, p. 76, 78-79, 85, 90, 110.

51. *Ibid.*, p. 70-71, 114-115, 122-123.

52. *Ibid.*, p. 97.

53. Nicolas Landry, *La Cadie. Frontière du Canada. Micmacs et Euro-canadiens au Nord-Est du Nouveau-Brunswick, 1620-1850*, Québec, Septentrion, 2013, p. 142.

54. *Ibid.*, p. 157.

55. Sally Ross et J. Alphonse Deveau, *Les Acadiens de la Nouvelle-Écosse. Hier et aujourd'hui*, Moncton, Les éditions d'Acadie, 1995, p. 45.

56. René Baudry, « Madame de Brice », *Dictionnaire biographique du Canada* [En ligne], http://www.biographi.ca/fr/bio/brice_madame_de_1E.html (Consulté le 7 avril 2018).

57. Nicolas Landry et Nicole Lang, *Histoire de l'Acadie*, Québec, Septentrion, 2001, p. 48.

58. Sans compter sa famille (Charles Menou d'Aulnay et Jeanne Motin), celle de Nicolas Le Creux et d'Anne Motin, ainsi que celle de Charles de Saint-Étienne de La Tour et Françoise-Marie Jacquelin.

59. BN Collection Margry, vol. 9281 Ms 9281, F° 104. Texte cité dans : Geneviève Massignon, *Les parlers français d'Acadie, enquête linguistique*, Volume 1, Paris, Librairie C. Khncksieck, 1962, p. 19.

60. Jacques Nerrou, *Navires et engagés pour « les terres neufve de la Nouvelle-France et des coste de la Cadie ». 1600-1654. Notaires Rochelais*, Saint-Agnant, France, À compte d'auteur, avril 1999, 25 p. Stephen A. White, *Dictionnaire généalogique des familles acadiennes : première partie 1636 à 1714*, première partie, 1636 à 1714, tomes I (A à G) et II (H à Z), Moncton, Centre d'études acadiennes, 1999, 1641 p. Le sieur Labat au ministre: état des terres occupées par le fort du Port-Royal et des maisons à démolir comme nuisibles aux fortifications. 2 décembre 1705. Archives nationales d'outre-mer, France, ANOM, COL C11D vol. 5/fol. 157-158v. François Roux, « Liste des passagers du St François », *Poitou-Acadie-Bretagne* [En ligne], http://froux.pagesperso-orange.fr/divers/stfran.html (Consulté le 13 mars 2013). De plus, nous avons retiré la famille de Jean Lambert qui était probablement retournée en France ou ils étaient décédés en 1644, également ce « Claude Petitpas, père. Premier syndic [de Port-Royal] en 1639 » dont nous n'en connaissons pas plus sur lui, ainsi que la famille de Robert Cormier et de Marie Péraud qui était au fort Saint-Pierre, au Cap-Breton, à ce moment. Ces trois familles se trouvaient dans la première liste publiée dans *Les déportations des Acadiens et leur arrivée au Québec* (2014), p. 27-28.

61. Stephen A. White, « Dictionnaire généalogique des familles acadiennes. Ajouts et corrections », *Centre des études acadiennes. Anselme-Chiasson* [En ligne], http://www.umoncton.ca/umcm-ceaac/files/umcm-ceaac/wf/wf/pdf/cor-dict.pdf (Consulté le 2 avril 2018).

62. « Bernard : l'époux d'Andrée Guyon a-t-il été retrouvé ? » Denis Savard, *Racines acadiennes*, Tome 1, Caraquet, Les Éditions de la Francophonie, 2016, p. 52-54.

63. « En effet, il est fort probable que Jean Cendre ait exercé son métier de maître saunier pendant un peu plus d'une décennie dans la région de Port-Royal [donc après 1646]. Il aurait donc formé plusieurs sauniers et paludiers dans l'ancienne Acadie. » Marc Lavoie, « Les aboiteaux acadiens : origines, controverses et ambiguïtés », *Port Acadie*, nᵒˢ 13-14-15, printemps 2008 – automne 2008 – printemps 2009, p. 127.

64. Robert Rumilly, *Histoire des Acadiens*, Volume I., Montréal, Fides, 1955, p. 55.

65. *Ibid.*

66. René Baudry, « Charles de Menou d'Aulnay », *Dictionnaire biographique du Canada* [En ligne], http://www.biographi.ca/fr/bio/menou_d_aulnay_charles_de_1F.html (Consulté le 9 avril 2018).

67. Michel Roy, *L'Acadie des origines à nos jours. Essai de synthèse historique*, Montréal, Québec/Amérique, 1981, p. 45.

68. Certificat de Michel Boudrot, lieutenant général en Acadie, le 5 octobre 1687. Archives nationales d'outre-mer, France, ANOM, COL C11D vol. 2/fol. 85-86. Transcription a été reproduite dans : François-Edmé Rameau de Saint-Père, *Une colonie féodale en Amérique. L'Acadie (1604-1881)*, Tome second, Paris/ Montréal, Plon/Granger frères, 1889, p. 301-303.

69. Confirmation du gouverneur d'Acadie pour Charles de Saint-Etienne de La Tour. Copie datée de Louisbourg, 5 novembre 1720. Archives nationales d'outre-mer, France, ANOM, COL C11D vol. 1/fol. 82-83v.

70. Texte cité en bas de page dans : Geneviève Massignon, *Les parlers français d'Acadie, enquête linguistique*, Volume 1, Paris, Librairie C. Khncksieck, 1962, p. 19.

71. Theophraste Renaudot, « Gazette de Renaudot, année 1651, no 176, p. 1491 », *Bibliothèque nationale de France* [En ligne], http://gallica.bnf.fr/ark:/12148/cb32780022t/date (Consulté le 31 mars 2018).

72. Robert Rumilly, *Histoire des Acadiens*, Volume I, Montréal, Fides, 1955, p. 78.

73. Ronnie-Gilles LeBlanc, « Les églises et cimetières de la paroisse de Saint-Jean-Baptiste de Port-Royal avant 1755 », *Les Cahiers de la Société historique acadienne*, vol. 46, nº 2, juin 2015, p. 59.

74. Jean Daigle (dir.), *L'Acadie des Maritimes. Études thématiques des débuts à nos jours*, Moncton, Chaire d'études acadiennes, 1993, p. 8.

75. Mason Wade, « Emmanuel Le Borgne », *Dictionnaire biographique du Canada* [En ligne], http://www.biographi.ca/009004-119.01-f.php?&id_nbr=413 (Consulté le 13 mars 2013).

Annotations

76. *Ibid.*

77. Bernard Pothier, « Nicolas Denys: The Chronology and Historiography of an Acadian Hero », *Acadiensis*, vol. 1, n° 1, automne 1971, p. 60.

78. Caroline St-Louis, *Regard du Massachusetts sur l'Acadie – Le journal de Winthrop 1630-1649*, Tracadie, La Grande Marée, 2009, p. 129.

79. Bona Arsenault, *Histoire des Acadiens*, Québec, Éditions Fides, 1994, p. 47.

80. William I. Roberts, 3RD., « Robert Sedgwick », *Dictionnaire biographique du Canada* [En ligne], http://www.biographi.ca/fr/bio/sedgwick_robert_1F.html (Consulté le 9 avril 2018). John Mack Faragher, *A Great and Noble Scheme. The Tragic Story of the Expulsion of the French Acadians from their American Homeland*, New York, W.W. Norton & Company, 2005, p. 58.

81. *Ibid.*, p. 59.

82. *Ibid.*, p. 58-59.

83. Transcription a été reproduite dans : François-Edmé Rameau de Saint-Père, *Une colonie féodale en Amérique. L'Acadie (1604-1881)*, Tome second, Paris/Montréal, Plon/Granger frères, 1889, p. 301-303.

84. Toutefois, la démonstration a été faite que Rameau de Saint-Père avait fait une erreur de transcription en écrivant Robert Bourgeois parmi les signataires. Dans le document original, il n'est qu'écrit « Bourgeois » et il s'agit de Jacques, tel qu'indiqué dans l'acte de capitulation. Voir : René-Fernand Perron, « Dans la famille Bourgeois : un frère et un père imaginaires », *Racines et Rameaux Français d'Acadie*, n° 35, décembre 2005, p. 17-19.

Notes du chapitre 3

1. Jacques Lacoursière, Jean Provencher et Denis Vaugeois, *Canada-Québec. Synthèse historique*, Montréal, Éditions du Renouveau pédagogique, 1976, p. 50-51.

2. M. Delafosse, « La Rochelle et le Canada au XVIIe siècle », *Revue d'histoire de l'Amérique française*, vol. 4, n° 4, mars 1951, p. 493-497.

3. Étienne de Silhouette, Augustin-Félix-Elisabeth Barrin La Galissonnière et Jean Ignace de La Ville, *Mémoires des commissaires du Roi et de ceux de sa Majesté Britannique : Sur les possessions & les droits respectifs des deux Couronnes en Amérique avec les actes publics & pièces justificatives. Tome premier, contenant les mémoires sur l'Acadie & sur l'isle de Sainte-Lucie*, Paris, de l'Imprimerie Royale, 1755, p. 48-49.

4. Michel Roy, *L'Acadie des origines à nos jours. Essai de synthèse historique*, Montréal, Québec/Amérique, 1981, p. 47.

5. William I. Roberts, 3RD., « Robert Sedgwick », *Dictionnaire biographique du Canada* [En ligne], http://www.biographi.ca/fr/bio/sedgwick_robert_1F.html (Consulté le 9 avril 2018).

6. Étienne de Silhouette, Augustin-Félix-Elisabeth Barrin La Galissonnière et Jean Ignace de La Ville, *Mémoires des commissaires du Roi et de ceux de sa Majesté Britannique : Sur les possessions & les droits respectifs des deux Couronnes en Amérique avec les actes publics & pièces justificatives. Tome premier, contenant les mémoires sur l'Acadie & sur l'isle de Sainte-Lucie*, Paris, de l'Imprimerie Royale, 1755, p. 48-49.

7. John Mack Faragher, A Great and Noble Scheme. *The Tragic Story of the Expulsion of the French Acadians from their American Homeland*, New York, W.W. Norton & Company, 2005, p. 68.

8. John Mack Faragher, *A Great and Noble Scheme. The Tragic Story of the Expulsion of the French Acadians from their American Homeland*, New York, W.W. Norton & Company, 2005, p. 66.

9. John Mack Faragher, A Great and Noble Scheme. *The Tragic Story of the Expulsion of the French Acadians from their American Homeland*, New York, W.W. Norton & Company, 2005, p. 63. Stephen A. White, *Dictionnaire généalogique des familles acadiennes*, première partie, 1636 à 1714, tomes I (A à G) et II (H à Z), Moncton, Centre d'études acadiennes, 1999.

10. Naomi E.S. Griffiths, *L'Acadie de 1686 à 1784. Contexte d'une histoire*, Moncton, Éditions d'Acadie, 1997, p. 9.

11. Denis Savard, « Racines acadiennes – Les Melanson et nos ancêtres bostonnais », *Acadie Nouvelle* [En ligne], https://www.acadienouvelle.com/etc/gensdici/2016/09/18/racines-acadiennes-melanson-nos-ancetres-bostonnais/ (Consulté le 28 avril 2018). Denis Savard, « Racines acadiennes – Les Melanson dit de La Verdure, de Westminster (suite) », *Acadie Nouvelle* [En ligne], https://www.acadienouvelle.com/etc/gensdici/2016/10/02/racines-acadiennes-melanson-dit-de-verdure-de-westminster-suite/ (Consulté le 28 avril 2018).

12. Marie-Claire Pitre et Denise Pelletier, *Les Pays-Bas. Histoire de la région jemseg-Woodstock sur la rivière Saint-Jean pendant la période française (1604-1759)*, Fredericton, N.-B., Société d'histoire de la rivière Saint-Jean, 1985,

p. 41. Susan Blair, « Site archéologique de Jemseg », *L'Encyclopédie canadienne* [En ligne], http://encyclopediecanadienne.ca/fr/article/site-archeologique-de-jemseg/ (Consulté le 22 avril 2018).

13. Régis Brun, *Les Acadiens avant 1755 : essai*, Moncton, À compte d'auteur, 2003, p. 9.

14. Ronnie-Gilles LeBlanc, « Les églises et cimetières de la paroisse de Saint-Jean-Baptiste de Port-Royal avant 1755 », *Les Cahiers de la Société historique acadienne*, vol. 46, n° 2, juin 2015, p. 59 et 78.

15. Régis Brun, *Les Acadiens avant 1755 : essai*, Moncton, à compte d'auteur, 2003, p. 6.

16. Clément Cormier, « Alexandre LeBorgne de Belle-Isle », *Dictionnaire biographique du Canada* [En ligne], http://www.biographi.ca/fr/bio/le_borgne_de_belle_isle_alexandre_1F.html (Consulté le 16 avril 2018).

17. Marie-Claire Pitre et Denise Pelletier, *Les Pays-Bas. Histoire de la région jemseg-Woodstock sur la rivière Saint-Jean pendant la période française (1604-1759)*, Fredericton, N.-B., Société d'histoire de la rivière Saint-Jean, 1985, p. 41.

18. Stephen A. White, *Dictionnaire généalogique des familles acadiennes*, première partie 1636 à 1714, tome II (H à Z), Moncton, Centre d'études acadiennes, 1999, p. 1433.

19. Lettre du ministre Colbert à Talon, Versailles, 5 avril 1666. Archives nationales d'outre-mer, France, ANOM, COL C11A vol. 2/fol. 199-206v.

20. Clément Cormier, « Alexandre LeBorgne de Belle-Isle », *Dictionnaire biographique du Canada* [En ligne], http://www.biographi.ca/fr/bio/le_borgne_de_belle_isle_alexandre_1F.html (Consulté le 16 avril 2018).

21. René Baudry, « Hector d'Andigné de Grandfontaine », *Dictionnaire biographique du Canada* [En ligne], http://www.biographi.ca/fr/bio/andigne_de_grandfontaine_hector_d_1F.html (Consulté le 19 avril 2018).

22. John Mack Faragher, *A Great and Noble Scheme. The Tragic Story of the Expulsion of the French Acadians from their American Homeland*, New York, W.W. Norton & Company, 2005, p. 74. Donald F. Chard, « John Nelson », *Dictionnaire biographique du Canada* [En ligne], http://www.biographi.ca/fr/bio/nelson_john_2F.html (Consulté le 11 mai 2018).

23. Bona Arsenault, *Histoire des Acadiens*, Québec, Éditions Fides, 1994, p. 49. Nicolas Landry, *La Cadie. Frontière du Canada. Micmacs et Euro-canadiens au Nord-Est du Nouveau-Brunswick, 1620-1850*, Québec, Septentrion, 2013, p. 157.

24. Étienne de Silhouette, Augustin-Félix-Elisabeth Barrin La Galissonnière et Jean Ignace de La Ville, *Mémoires des commissaires du Roi et de ceux de sa Majesté Britannique : Sur les possessions & les droits respectifs des deux Couronnes en Amérique avec les actes publics & pièces justificatives. Tome second, contenant les Traités & Actes publics concernant l'Amérique en général, & les Pièces justificatives des Mémoires sur les limites de l'Acadie*, Paris, de l'Imprimerie Royale, 1755, p. 313.

25. Michel Roy, *L'Acadie des origines à nos jours. Essai de synthèse historique*, Montréal, Québec/Amérique, 1981, p. 60.

26. Bona Arsenault, *Histoire des Acadiens*, Québec, Éditions Fides, 1994, p. 52.
27. Stephen A. White, *Dictionnaire généalogique des familles acadiennes*, première partie, 1636 à 1714, tome I (A à G), Moncton, Centre d'études acadiennes, 1999, p. 24.
28. Michel Roy, *L'Acadie des origines à nos jours. Essai de synthèse historique*, Montréal, Québec/Amérique, 1981, p. 49.
29. Numéro 8. Recensement nominal de Port-Royal. Signé: Laurent Molins, cordelier. Joint à la lettre du chevalier de Grandfontaine, 1671. Archives nationales d'outre-mer, France, ANOM, COL G1 466 (Bibliothèque et Archives Canada, MIKAN n° 2319362).
30. Numéro 9. Familles établies à l'Acadie. Abrégé envoyé de Québec à Colbert par le sieur Randin, 8 novembre 1671. Archives nationales d'outre-mer, France, ANOM, COL G1 466 (Bibliothèque et Archives Canada, MIKAN n° 2319363).
31. Michel Roy, *L'Acadie des origines à nos jours. Essai de synthèse historique*, Montréal, Québec/Amérique, 1981, p. 50.
32. *Ibid.*, p. 59.
33. *Ibid.*, p. 48.
34. Stephen A. White, *Dictionnaire généalogique des familles acadiennes*, première partie, 1636 à 1714, tome I (A à G), Moncton, Centre d'études acadiennes, 1999, p. 22.
35. Stephen A. White, *Dictionnaire généalogique des familles acadiennes*, première partie 1636 à 1714, tome II (H à Z), Moncton, Centre d'études acadiennes, 1999, p. 879.
36. Michel Roy, *L'Acadie des origines à nos jours. Essai de synthèse historique*, Montréal, Québec/Amérique, 1981, p. 48.
37. Nicolas Landry et Nicole Lang, *Histoire de l'Acadie*, Québec, Septentrion, 2001, p. 34.
38. Pierre-George Roy, « Lettre du ministre Colbert à Talon (4 juin 1672) », *Rapport de l'archiviste de la province de Québec (RAPQ)*, tome 11, 1930-1931, p. 169.
39. Marie-Claire Pitre et Denise Pelletier, *Les Pays-Bas. Histoire de la région jemseg-Woodstock sur la rivière Saint-Jean pendant la période française (1604-1759)*, Fredericton, N.-B., Société d'histoire de la rivière Saint-Jean, 1985, p. 83-86.
40. René Baudry, « Hector d'Andigné de Grandfontaine », *Dictionnaire biographique du Canada* [En ligne], http://www.biographi.ca/fr/bio/andigne_de_grandfontaine_hector_d_1F.html (Consulté le 19 avril 2018).
41. Clément Cormier, « Jacques (Jacob) Bourgeois », *Dictionnaire biographique du Canada* [En ligne], www.biographi.ca/fr/bio/bourgeois_jacques_2F.html (Consulté le 16 avril 2018).

Annotations

42. John Mack Faragher, *A Great and Noble Scheme. The Tragic Story of the Expulsion of the French Acadians from their American Homeland*, New York, W.W. Norton & Company, 2005, p. 71.

43. Stephen A. White, *Dictionnaire généalogique des familles acadiennes*, première partie, 1636 à 1714, tome I (A à G), Moncton, Centre d'études acadiennes, 1999, p. 433.

44. Ronnie-Gilles LeBlanc, « Les églises et cimetières de la paroisse de Saint-Jean-Baptiste de Port-Royal avant 1755 », *Les Cahiers de la Société historique acadienne*, vol. 46, n° 2, juin 2015, p. 59.

45. Le terme officiel est : « érection canonique d'une paroisse ». Nicolas Landry et Nicole Lang, *Histoire de l'Acadie*, Québec, Septentrion, 2001, p. 46.

46. George MacBeath, « Pierre de Joybert (Joibert) de Soulanges et de Marson », *Dictionnaire biographique du Canada* [En ligne], http://www.biographi.ca/fr/bio/joybert_de_soulanges_et_de_marson_pierre_de_1F.html (Consulté le 29 avril 2018).

47. René Baudry, « Hector d'Andigné de Grandfontaine », *Dictionnaire biographique du Canada* [En ligne], http://www.biographi.ca/fr/bio/andigne_de_grandfontaine_hector_d_1F.html (Consulté le 19 avril 2018). René Baudry, « Jacques de Chambly », *Dictionnaire biographique du Canada* [En ligne], http://www.biographi.ca/fr/bio/chambly_jacques_de_1F.html (Consulté le 28 avril 2018).

48. Marie-Claire Pitre et Denise Pelletier, *Les Pays-Bas. Histoire de la région jemseg-Woodstock sur la rivière Saint-Jean pendant la période française (1604-1759)*, Fredericton, N.-B., Société d'histoire de la rivière Saint-Jean, 1985, p. 46.

49. *Ibid.*, p. 46-47.

50. René Baudry, « Jacques de Chambly », *Dictionnaire biographique du Canada* [En ligne], http://www.biographi.ca/fr/bio/chambly_jacques_de_1F.html (Consulté le 28 avril 2018).

51. Nicolas Landry et Nicole Lang, *Histoire de l'Acadie*, Québec, Septentrion, 2001, p. 33.

52. Jacques Lacoursière, Jean Provencher et Denis Vaugeois, *Canada-Québec. Synthèse historique*, Montréal, Éditions du Renouveau pédagogique, 1976, p. 109.

53. Marie-Claire Pitre et Denise Pelletier, *Les Pays-Bas. Histoire de la région jemseg-Woodstock sur la rivière Saint-Jean pendant la période française (1604-1759)*, Fredericton, N.-B., Société d'histoire de la rivière Saint-Jean, 1985, p. 88. Stephen A. White, *Dictionnaire généalogique des familles acadiennes*, première partie 1636 à 1714, tome II (H à Z), Moncton, Centre d'études acadiennes, 1999, p. 878-879.

54. Lettre de Duchesneau au ministre, Québec, 13 novembre 1680. Archives nationales d'outre-mer, France, ANOM, COL C11A vol. 5/fol. 161-181.

55. J.-Roger Comeau, « Michel Leneuf de La Vallière et de Beaubassin », *Dictionnaire biographique du Canada* [En ligne], http://www.biographi.ca/fr/bio/leneuf_de_la_valliere_et_de_beaubassin_michel_1705_2F.html (Consulté le 1er mai 2018).

56. Michel Roy, *L'Acadie des origines à nos jours. Essai de synthèse historique*, Montréal, Québec/Amérique, 1981, p. 72.

57. Régis Brun, *Les Acadiens avant 1755 : essai*, Moncton, À compte d'auteur, 2003, p. 18.

58. Sally Ross et J. Alphonse Deveau, *Les Acadiens de la Nouvelle-Écosse. Hier et aujourd'hui*, Moncton, Les éditions d'Acadie, 1995, p. 80.

59. W. J. Eccles, « Jacques de Meulles », *Dictionnaire biographique du Canada* [En ligne], http://www.biographi.ca/fr/bio/meulles_jacques_de_2F.html (Consulté le 3 mai 2018). Lucien Brault, « Relation du Voyage de l'intendant Jacques de Meulles fait en Acadie entre le 11 octobre 1685 et le 6 juillet 1686 », *Revue d'histoire de l'Amérique française*, vol. 2, n° 3, décembre 1948, p. 432-439. Bona Arsenault, *Histoire des Acadiens*, Québec, Éditions Fides, 1994, p. 75-76 et 92.

60. — « Recensements d'Acadie », *Centre d'études acadiennes Anselme-Chiasson* [En ligne], http://139.103.17.56/cea/livres/doc.cfm?livre=recensements (Consulté le 2 mai 2018).

61. John Mack Faragher, *A Great and Noble Scheme. The Tragic Story of the Expulsion of the French Acadians from their American Homeland*, New York, W.W. Norton & Company, 2005, p. 79. Naomi E.S. Griffiths, *L'Acadie de 1686 à 1784. Contexte d'une histoire*, Moncton, Éditions d'Acadie, 1997, p. 9-11.

62. Nicolas Landry et Nicole Lang, *Histoire de l'Acadie*, Québec, Septentrion, 2001, p. 48. Gérard Desjardins, « Louis Petit », *Dictionnaire biographique du Canada* [En ligne], http://www.biographi.ca/fr/bio/petit_louis_2F.html (Consulté le 11 avril 2018).

63. Marie-Claire Pitre et Denise Pelletier, *Les Pays-Bas. Histoire de la région jemseg-Woodstock sur la rivière Saint-Jean pendant la période française (1604-1759)*, Fredericton, N.-B., Société d'histoire de la rivière Saint-Jean, 1985, p. 93.

64. Jean-Baptiste de la Croix de Chevrières de Saint-Vallier, *Estat présent de l'Eglise et de la colonie française dans la Nouvelle-France/par M. L'évêque de Québec*, Québec, ré-imprimé par Augustin Coté & cie, 1856, p. 34.

65. Samantha Rompillon, « Entre mythe et réalité : Beaubassin, miroir d'une communauté acadienne avant 1755 ». Martin Pâquet et Stéphane Savard (dir.), *Balises et références. Acadies, francophonies*, Québec, Les Presses de l'Université Laval, 2007, p. 276.

66. *Ibid.*, p. 277-278.

67. Les premiers habitants sont donc arrivés vers 1675. Il faut se souvenir que cela prend environ trois ans pour assécher un marais pour rendre la terre cultivable. Jacques Bourgeois a commencé à défricher la terre en 1672.

68. Naomi E.S. Griffiths, *L'Acadie de 1686 à 1784. Contexte d'une histoire*, Moncton, Éditions d'Acadie, 1997, p. 55.

69. Stéphan Bujold, « L'Acadie vers 1750. Essai de chronologie des paroisses acadiennes du bassin des Mines (Minas Basin, NS) avant le Grand dérangement », *Société canadienne d'histoire de l'Église catholique*, vol. 70, 2004, p. 64.

70. Stephen A. White, *Dictionnaire généalogique des familles acadiennes*, première partie 1636 à 1714, tome II (H à Z), Moncton, Centre d'études acadiennes, 1999, p. 803.

71. Stephen A. White, *Dictionnaire généalogique des familles acadiennes*, première partie, 1636 à 1714, tome I (A à G), Moncton, Centre d'études acadiennes, 1999, p. 340.

72. Cette religieuse ne peut être identifiée puisque « Les archives de la Congrégation de Notre-Dame ayant été incendiées à trois reprises en même temps que la Maison mère, il n'existe pas de témoignage direct de cette première religieuse qui aurait voyagé à Port-Royal. Nous connaissons seulement ces sources externes » (Marie-Josée Morin, coordonnatrice du service des archives de la Congrégation de Notre-Dame). Edwidge Godin C.N.D., « La Congrégation de Notre-Dame et son œuvre d'éducation en Acadie, de 1685 à 1758 », *Héritage*, n° 32, mars 1999, p. 3-17. Louis J. Dugas, *L'alphabétisation des Acadiens*, 1700-1850, Mémoire présenté à la Faculté des études supérieures de l'Université d'Ottawa, 1993, p. 26-27. Nicolas Landry et Nicole Lang, *Histoire de l'Acadie*, Québec, Septentrion, 2001, p. 48.

73. Il s'agirait d'une terre appartenant à Pierre Thériot et à Cécile Landry, fondateurs de Grand-Pré. Placide Gaudet, *Le Grand Dérangement. Sur qui retombe la responsabilité de l'Expulsion des Acadiens*, Ottawa, Ottawa Printing Company, 1922, p. 50-51.

74. Jean-Baptiste de la Croix de Chevrières de Saint-Vallier, *Estat présent de l'Eglise et de la colonie française dans la Nouvelle-France / par M. L'évêque de Québec*, Québec, ré-imprimé par Augustin Coté & cie, 1856, p. 35-37.

75. *Ibid.*, p. 38-39.

76. *Ibid.*, p. 41.

77. W. J. Eccles, « François-Marie Perrot », *Dictionnaire biographique du Canada* [En ligne], http://www.biographi.ca/fr/bio/perrot_francois_marie_1F.html (Consulté le 6 mai 2018).

78. René Baudry, « Louis-Alexandre des Friches de Meneval », *Dictionnaire biographique du Canada* [En ligne], http://www.biographi.ca/fr/bio/des_friches_de_meneval_louis_alexandre_2F.html (Consulté le 6 mai 2018).

79. Michel Roy, *L'Acadie des origines à nos jours. Essai de synthèse historique*, Montréal, Québec/Amérique, 1981, p. 60.

80. Naomi E.S. Griffiths, *L'Acadie de 1686 à 1784. Contexte d'une histoire*, Moncton, Éditions d'Acadie, 1997, p. 11-12.

81. Nicolas Landry, *La Cadie. Frontière du Canada. Micmacs et Euro-canadiens au Nord-Est du Nouveau-Brunswick, 1620-1850*, Québec, Septentrion, 2013, p. 170. René Baudry, « Louis-Pierre Thury », *Dictionnaire biographique du Canada* [En ligne], http://www.biographi.ca/fr/bio/thury_louis_pierre_1F.html (Consulté le 27 mai 2018). Arthur Gallien, « Néguac », *Les Cahiers de la Société historique acadienne*, 3e cahier, 1963, p. 4-17.

82. Naomi E.S. Griffiths, *L'Acadie de 1686 à 1784. Contexte d'une histoire*, Moncton, Éditions d'Acadie, 1997, p. 13.

83. René Baudry, « Louis-Alexandre des Friches de Meneval », *Dictionnaire biographique du Canada* [En ligne], http://www.biographi.ca/fr/bio/des_friches_de_meneval_louis_alexandre_2F.html (Consulté le 6 mai 2018).

84. Jean Daigle (dir.), « L'Acadie au temps du Sr Perrot », *Les Cahiers de la Société historique acadienne*, 19e cahier, vol. 2, no 9, avril-juin 1968, p. 336.

85. Stephen A. White, *Dictionnaire généalogique des familles acadiennes*, première partie, 1636 à 1714, tome II (H à Z), Moncton, Centre d'études acadiennes, 1999, p. 1028.

86. Pisiguit était un village acadien, situé autour de la jonction des rivières l'Ascension (Pisiguit) et Sainte-Croix. C'est un nom mi'kmaq qui signifie « à la jonction des eaux ». –, « History of Windsor, Nova Scotia », *NovaScotia.com* [En ligne], http://www.novascotia.com/about-nova-scotia/regions/bay-fundy-annapolis/windsor (Consulté le 24 octobre 2016). Il semble qu'il y ait eu un problème d'interprétation sur épellation du nom. Est-ce Pisiguit ou Pigiguit ? La réponse se trouve peut-être en paléographie. En effet, en vieux français, le « s », se situant à l'intérieur d'un mot, prenait souvent l'allure de « g ». –, « Alphabet de paléographie », *Généa-logiques* [En ligne], https://genealogiques.wordpress.com/alphabet-de-paleographie/ (Consulté le 24 octobre 2016). Un bel exemple où il n'y a pas eu d'interprétation est celui de l'acte de réhabilitation du mariage de Joseph Mazerolle et Rosalie Thibodeau, le 24 février 1767, à Notre-Dame-de-Québec. Rosalie a déclaré être originaire « de la paroisse de Pésiguite en Acadie ». –, « Québec, registres paroissiaux catholiques, 1621-1979 », *Collections des documents d'archives/Familysearch* [En ligne], https://familysearch.org/search (Consulté le 24 octobre 2016).

87. Stéphan Bujold, « L'Acadie vers 1750. Essai de chronologie des paroisses acadiennes du bassin des Mines (Minas Basin, NS) avant le Grand dérangement », *Société canadienne d'histoire de l'Église catholique*, vol. 70, 2004, p. 69.

88. Régis Brun, *Les Acadiens avant 1755 : essai*, Moncton, À compte d'auteur, 2003, p. 38.

89. John Mack Faragher, *A Great and Noble Scheme. The Tragic Story of the Expulsion of the French Acadians from their American Homeland*, New York, W.W. Norton & Company, 2005, p. 83.

90. Michel Roy, *L'Acadie des origines à nos jours. Essai de synthèse historique*, Montréal, Québec/Amérique, 1981, p. 72.

91. John Mack Faragher, *A Great and Noble Scheme. The Tragic Story of the Expulsion of the French Acadians from their American Homeland*, New York, W.W. Norton & Company, 2005, p. 83.

92. René Baudry, « Louis-Alexandre des Friches de Meneval », *Dictionnaire biographique du Canada* [En ligne], http://www.biographi.ca/fr/bio/des_friches_de_meneval_louis_alexandre_2F.html (Consulté le 6 mai 2018).

93. Stephen A. White, *Dictionnaire généalogique des familles acadiennes*, première partie, 1636 à 1714, tome II (H à Z), Moncton, Centre d'études acadiennes, 1999, p. 340.

94. — « Recensements d'Acadie », *Centre d'études acadiennes Anselme-Chiasson* [En ligne], http://139.103.17.56/cea/livres/doc.cfm?livre=recensements (Consulté le 2 mai 2018).

95. Sally Ross et J. Alphonse Deveau, *Les Acadiens de la Nouvelle-Écosse. Hier et aujourd'hui*, Moncton, Les éditions d'Acadie, 1995, p. 57.

96. Stephen A. White, *Dictionnaire généalogique des familles acadiennes*, première partie, 1636 à 1714, tome II (H à Z), Moncton, Centre d'études acadiennes, 1999, p. 1134-1135.

97. Régis Brun, *Les Acadiens avant 1755 : essai*, Moncton, à compte d'auteur, 2003, p. 37.

98. Jacques Lacoursière, Jean Provencher et Denis Vaugeois, *Canada-Québec. Synthèse historique*, Montréal, Éditions du Renouveau pédagogique, 1976, p. 118.

99. René Baudry, « Louis-Alexandre des Friches de Meneval », *Dictionnaire biographique du Canada* [En ligne], http://www.biographi.ca/fr/bio/des_friches_de_meneval_louis_alexandre_2F.html (Consulté le 6 mai 2018).

100. — « Guerre de la ligue d'Augsbourg », *Larousse* [En ligne], http://www.larousse.fr/encyclopedie/divers/guerre_de_la_ligue_d_Augsbourg/106689 (Consulté le 9 mai 2018).

101. René Baudry, « Louis-Alexandre des Friches de Meneval », *Dictionnaire biographique du Canada* [En ligne], http://www.biographi.ca/fr/bio/des_friches_de_meneval_louis_alexandre_2F.html (Consulté le 6 mai 2018).

102. Marie-Claire Pitre et Denise Pelletier, *Les Pays-Bas. Histoire de la région Jemseg-Woodstock sur la rivière Saint-Jean pendant la période française (1604-1759)*, Fredericton, N.-B., Société d'histoire de la rivière Saint-Jean, 1985, p. 84.

103. John Mack Faragher, *A Great and Noble Scheme. The Tragic Story of the Expulsion of the French Acadians from their American Homeland*, New York, W.W. Norton & Company, 2005, p. 103-104.

104. René Baudry, « Louis-Alexandre des Friches de Meneval », *Dictionnaire biographique du Canada* [En ligne], http://www.biographi.ca/fr/bio/des_friches_de_meneval_louis_alexandre_2F.html (Consulté le 6 mai 2018).

105. *Ibid.*

106. Beamish Murdoch, *A History of Nova-Scotia, or Acadie*, vol. 1, Halifax, James Barnes, 1865, p. 206.

107. John Mack Faragher, *A Great and Noble Scheme. The Tragic Story of the Expulsion of the French Acadians from their American Homeland*, New York, W.W. Norton & Company, 2005, p. 88-89.

108. René Baudry, « Louis-Alexandre des Friches de Meneval », *Dictionnaire biographique du Canada* [En ligne], http://www.biographi.ca/fr/bio/des_friches_de_meneval_louis_alexandre_2F.html (Consulté le 6 mai 2018). Régis Brun, *Les Acadiens avant 1755 : essai*, Moncton, à compte d'auteur, 2003, p. 29. Noël Baillargeon, « Claude Trouvé », *Dictionnaire biographique du Canada* [En ligne], http://www.biographi.ca/fr/bio/trouve_claude_2F.html (Consulté le 12 mai 2018). John Mack Faragher, *A Great and Noble Scheme. The Tragic Story of the Expulsion of the French Acadians from their American Homeland*, New York, W.W. Norton & Company, 2005, p. 88-90. Nicolas Landry et Nicole Lang, *Histoire de l'Acadie*, Québec, Septentrion, 2001, p. 48.

109. John Mack Faragher, *A Great and Noble Scheme. The Tragic Story of the Expulsion of the French Acadians from their American Homeland*, New York, W.W. Norton & Company, 2005, p. 90.

110. Driss Aissaoui, « Robert Challe, témoin suspect de la prise de Chédabouctou », *Lumen: Selected Proceedings From the Canadian Society for Eighteenth-Century Studies*, vol. 27, 2008, p. 4-8. Sa recherche démontre aussi que le fort de Chedabouctou n'a pas été attaqué le 23 juin 1687, ni même entre le 10 et le 15 août 1688. À la note de bas de page n° 12 de la page 8, l'auteur précise : « La question qui se pose ici est de savoir pourquoi Challe a transposé dans le récit de la prise de 1688 un fait qui n'est survenu que deux ans plus tard. Faut-il y voir une « simple inadvertance de celui qui parle par ouï-dire »? Cela est fort possible. Mais les efforts déployés par Challe dans les deux comptes rendus pour démolir son prétendu rival indiquent qu'il s'agirait plutôt d'un désir délibéré d'accabler davantage La Boulaye en aggravant l'étendue du désastre. »

111. Émery LeBlanc (collaboration), « Joseph Robinau de Villebon », *Dictionnaire biographique du Canada* [En ligne], http://www.biographi.ca/fr/bio/robinau_de_villebon_joseph_1F.html (Consulté le 7 mai 2018).

112. *Ibid.*

113. *Ibid.* Marie-Claire Pitre et Denise Pelletier, *Les Pays-Bas. Histoire de la région jemseg-Woodstock sur la rivière Saint-Jean pendant la période française (1604-1759)*, Fredericton, N.-B., Société d'histoire de la rivière Saint-Jean, 1985, p. 52.

114. Stephen A. White, *Dictionnaire généalogique des familles acadiennes*, première partie, 1636 à 1714, tomes I (A à G) et II (H à Z), Moncton, Centre d'études acadiennes, 1999.

115. Bona Arsenault, *Histoire des Acadiens*, Québec, Éditions Fides, 1994, p. 98.

116. Émery LeBlanc (collaboration), « Joseph Robinau de Villebon », *Dictionnaire biographique du Canada* [En ligne], http://www.biographi.ca/fr/bio/robinau_de_villebon_joseph_1F.html (Consulté le 7 mai 2018). John Mack Faragher, *A Great and Noble Scheme. The Tragic Story of the Expulsion of the French Acadians from their American Homeland*, New York, W.W. Norton & Company, 2005, p. 95.

117. Émery LeBlanc (collaboration), « Joseph Robinau de Villebon », *Dictionnaire biographique du Canada* [En ligne], http://www.biographi.ca/fr/bio/robinau_de_villebon_joseph_1F.html (Consulté le 7 mai 2018). Marie-Claire Pitre et Denise Pelletier, *Les Pays-Bas. Histoire de la région jemseg-Woodstock sur la rivière Saint-Jean pendant la période française (1604-1759)*, Fredericton, N.-B., Société d'histoire de la rivière Saint-Jean, 1985, p. 52.

118. Marie-Claire Pitre et Denise Pelletier, *Les Pays-Bas. Histoire de la région jemseg-Woodstock sur la rivière Saint-Jean pendant la période française (1604-1759)*, Fredericton, N.-B., Société d'histoire de la rivière Saint-Jean, 1985, p. 56.

119. Michel Roy, *L'Acadie des origines à nos jours. Essai de synthèse historique*, Montréal, Québec/Amérique, 1981, p. 73.

120. Nicolas Landry et Nicole Lang, *Histoire de l'Acadie*, Québec, Septentrion, 2001, p. 36.

121. John Mack Faragher, *A Great and Noble Scheme. The Tragic Story of the Expulsion of the French Acadians from their American Homeland*, New York, W.W. Norton & Company, 2005, p. 95-96.

Annotations

122. Stephen A. White, *Dictionnaire généalogique des familles acadiennes*, première partie, 1636 à 1714, tomes I (A à G) et II (H à Z), Moncton, Centre d'études acadiennes, 1999. Marty Guidry, « New Research reveals Guédry's Exiled to North Carolina », *Les Guédry d'Asteur*, vol. 7, n° 1, winter 2009, p. 13.

123. Howard H. Peckham, « Benjamin Church », *Dictionnaire biographique du Canada* [En ligne], http://www.biographi.ca/fr/bio/church_benjamin_2F.html (Consulté le 12 mai 2018). W. Austin Squires, « Pierre Maisonnat dit Baptiste », *Dictionnaire biographique du Canada* [En ligne], http://www.biographi.ca/fr/bio/maisonnat_pierre_2F.html (Consulté le 12 mai 2018).

124. John Mack Faragher, *A Great and Noble Scheme. The Tragic Story of the Expulsion of the French Acadians from their American Homeland*, New York, W.W. Norton & Company, 2005, p. 100.

125. *Ibid.*, p. 100. Howard H. Peckham, « Benjamin Church », *Dictionnaire biographique du Canada* [En ligne], http://www.biographi.ca/fr/bio/church_benjamin_2F.html (Consulté le 12 mai 2018).

126. John Mack Faragher, *A Great and Noble Scheme. The Tragic Story of the Expulsion of the French Acadians from their American Homeland*, New York, W.W. Norton & Company, 2005, p. 101.

127. John Mack Faragher, *A Great and Noble Scheme. The Tragic Story of the Expulsion of the French Acadians from their American Homeland*, New York, W.W. Norton & Company, 2005, p. 95 et 99.

128. Marie-Claire Pitre et Denise Pelletier, *Les Pays-Bas. Histoire de la région jemseg-Woodstock sur la rivière Saint-Jean pendant la période française (1604-1759)*, Fredericton, N.-B., Société d'histoire de la rivière Saint-Jean, 1985, p. 66.

129. Jacques Lacoursière, Jean Provencher et Denis Vaugeois, *Canada-Québec. Synthèse historique*, Montréal, Éditions du Renouveau pédagogique, 1976, p. 125.

130. Marie-Claire Pitre et Denise Pelletier, *Les Pays-Bas. Histoire de la région jemseg-Woodstock sur la rivière Saint-Jean pendant la période française (1604-1759)*, Fredericton, N.-B., Société d'histoire de la rivière Saint-Jean, 1985, p. 67.

131. *Ibid.*, p. 68.

132. Régis Brun, *Les Acadiens avant 1755 : essai*, Moncton, À compte d'auteur, 2003, p. 57-59.

133. Stephen A. White, *Dictionnaire généalogique des familles acadiennes*, première partie, 1636 à 1714, tome II (H à Z), Moncton, Centre d'études acadiennes, 1999, p. 1510.

134. Stephen A. White, *Dictionnaire généalogique des familles acadiennes*, première partie, 1636 à 1714, tome I (A à G), Moncton, Centre d'études acadiennes, 1999, p. 148.

135. Maud Hody, « Guillaume Blanchard », *Dictionnaire biographique du Canada* [En ligne], http://www.biographi.ca/fr/bio/blanchard_guillaume_2F.html (Consulté le 6 mai 2018). Régis Brun, *Les Acadiens avant 1755 : essai*, Moncton, À compte d'auteur, 2003, p. 59.

136. Stéphan Bujold, « L'Acadie vers 1750. Essai de chronologie des paroisses acadiennes du bassin des Mines (Minas Basin, NS) avant le Grand dérangement », *Société canadienne d'histoire de l'Église catholique*, vol. 70, 2004, p. 68.
137. René Baudry, « Louis-Pierre Thury », *Dictionnaire biographique du Canada* [En ligne], http://www.biographi.ca/fr/bio/thury_louis_pierre_1F.html (Consulté le 27 mai 2018).
138. Naomi E.S. Griffiths, *L'Acadie de 1686 à 1784. Contexte d'une histoire*, Moncton, Éditions d'Acadie, 1997, p. 17-18. Nicolas Landry et Nicole Lang, Histoire de l'Acadie, Québec, Septentrion, 2001, p. 54.
139. Jean Daigle (dir.), *L'Acadie des Maritimes. Études thématiques des débuts à nos jours*, Moncton, Chaire d'études acadiennes, 1993, p. 16.
140. Naomi E.S. Griffiths, *L'Acadie de 1686 à 1784. Contexte d'une histoire*, Moncton, Éditions d'Acadie, 1997, p. 18.
141. Placide Gaudet, « Les seigneuries de l'ancienne Acadie », *Bulletin des recherches historiques*, vol. 33, n° 6, juin 1927, p. 343-347.
142. Sally Ross et J. Alphonse Deveau, *Les Acadiens de la Nouvelle-Écosse. Hier et aujourd'hui*, Moncton, Les éditions d'Acadie, 1995, p. 61.
143. Nicolas Landry et Nicole Lang, *Histoire de l'Acadie*, Québec, Septentrion, 2001, p. 58.
144. Monsieur de Diéreville, *Voyage du Sieur de Diéreville en Acadie : précédé d'une introduction et suivi de notes et d'extraits/par L. Urgèle Fontaine*, Québec, Imprimerie A. Côté et cie, 1885, p. 36-39 et 44.
145. *Ibid.*, p. 47-48.
146. *Ibid.*, p. 56.
147. La Fondation Hector-Savoie a pour mission d'aider les gens dans le besoin.
148. Monsieur de Diéreville, *Voyage du Sieur de Diéreville en Acadie : précédé d'une introduction et suivi de notes et d'extraits/par L. Urgèle Fontaine*, Québec, Imprimerie A. Côté et cie, 1885, p. 61-62.
149. Ancêtres de l'auteur.
150. Émery LeBlanc (collaboration), « Joseph Robinau de Villebon », *Dictionnaire biographique du Canada* [En ligne], http://www.biographi.ca/fr/bio/robinau_de_villebon_joseph_1F.html (Consulté le 7 mai 2018). Étienne Taillemite, « Claude-Sébastien de Villieu », *Dictionnaire biographique du Canada* [En ligne], http://www.biographi.ca/fr/bio/villieu_claude_sebastien_de_2F.html (Consulté le 19 mai 2018).
151. Stéphan Bujold, « L'Acadie vers 1750. Essai de chronologie des paroisses acadiennes du bassin des Mines (Minas Basin, NS) avant le Grand dérangement », *Société canadienne d'histoire de l'Église catholique*, vol. 70, 2004, p. 70.
152. Étienne Taillemite, « Claude-Sébastien de Villieu », *Dictionnaire biographique du Canada* [En ligne], http://www.biographi.ca/fr/bio/villieu_claude_sebastien_de_2F.html (Consulté le 19 mai 2018).
153. Nicolas Landry et Nicole Lang, *Histoire de l'Acadie*, Québec, Septentrion, 2001, p. 192.

154. René Baudry, « Jacques-François de Monbeton de Brouillan », *Dictionnaire biographique du Canada* [En ligne], http://www.biographi.ca/fr/bio/monbeton_de_brouillan_jacques_francois_de_2F.html (Consulté le 19 mai 2018). Stephen A. White, *Dictionnaire généalogique des familles acadiennes*, première partie, 1636 à 1714, tome I (A à G), Moncton, Centre d'études acadiennes, 1999, p. 337.

155. René Baudry, « Jacques-François de Monbeton de Brouillan », *Dictionnaire biographique du Canada* [En ligne], http://www.biographi.ca/fr/bio/monbeton_de_brouillan_jacques_francois_de_2F.html (Consulté le 19 mai 2018).

156. Régis Brun, *Les Acadiens avant 1755 : essai*, Moncton, À compte d'auteur, 2003, p. 30.

157. René Baudry, « Jacques-François de Monbeton de Brouillan », *Dictionnaire biographique du Canada* [En ligne], http://www.biographi.ca/fr/bio/monbeton_de_brouillan_jacques_francois_de_2F.html (Consulté le 19 mai 2018).

158. Transcription a été reproduite dans : François-Edmé Rameau de Saint-Père, *Une colonie féodale en Amérique. L'Acadie (1604-1881)*, Tome second, Paris/ Montréal, Plon/Granger frères, 1889, p. 339.

159. —, « Guerre de la Succession d'Espagne (1702-1713) », *Herodote.net* [En ligne], https://www.herodote.net/1702_1713-synthese-84.php (Consulté le 21 mai 2018). Jacques Lacoursière, Jean Provencher et Denis Vaugeois, *Canada-Québec. Synthèse historique*, Montréal, Éditions du Renouveau pédagogique, 1976, p. 131-133.

160. —, « Anne Stuart (1665-1714). Une reine méconnue », *Herodote.net* [En ligne], https://www.herodote.net/Anne_Stuart_1665_1714_-synthese-404.php (Consulté le 21 mai 2018).

161. Stéphan Bujold, « L'Acadie vers 1750. Essai de chronologie des paroisses acadiennes du bassin des Mines (Minas Basin, NS) avant le Grand dérangement », *Société canadienne d'histoire de l'Église catholique*, vol. 70, 2004, p. 63.

162. Jacques Lacoursière, Jean Provencher et Denis Vaugeois, *Canada-Québec. Synthèse historique*, Montréal, Éditions du Renouveau pédagogique, 1976, p. 128-131.

163. John Mack Faragher, *A Great and Noble Scheme. The Tragic Story of the Expulsion of the French Acadians from their American Homeland*, New York, W.W. Norton & Company, 2005, p. 109.

164. Le sieur Labat au ministre : état des terres occupées par le fort du Port-Royal et des maisons à démolir comme nuisibles aux fortifications. 2 décembre 1705. Archives nationales d'outre-mer, France, ANOM, COL C11D vol. 5/fol. 157-158v.

165. Stephen A. White, *Dictionnaire généalogique des familles acadiennes*, première partie, 1636 à 1714, tomes I (A à G) et II (H à Z), Moncton, Centre d'études acadiennes, 1999.

166. Étienne Taillemite, « Claude-Sébastien de Villieu », *Dictionnaire biographique du Canada* [En ligne], http://www.biographi.ca/fr/bio/villieu_claude_sebastien_de_2F.html (Consulté le 19 mai 2018).

167. Ronnie-Gilles LeBlanc, « Les églises et cimetières de la paroisse de Saint-Jean-Baptiste de Port-Royal avant 1755 », *Les Cahiers de la Société historique acadienne*, vol. 46, n° 2, juin 2015, p. 60-61.

168. John Mack Faragher, *A Great and Noble Scheme. The Tragic Story of the Expulsion of the French Acadians from their American Homeland*, New York, W.W. Norton & Company, 2005, p. 109.

169. René Baudry, « Jacques-François de Monbeton de Brouillan », *Dictionnaire biographique du Canada* [En ligne], http://www.biographi.ca/fr/bio/monbeton_de_brouillan_jacques_francois_de_2F.html (Consulté le 19 mai 2018).

170. (*We killed and took every one, both French and Indian.*) John Mack Faragher, *A Great and Noble Scheme. The Tragic Story of the Expulsion of the French Acadians from their American Homeland*, New York, W.W. Norton & Company, 2005, p. 110.

171. *Ibid.*, p. 110. Stephen A. White, « Dictionnaire généalogique des familles acadiennes. Ajouts et corrections », *Centre des études acadiennes Anselme-Chiasson* [En ligne], http://www.umoncton.ca/umcm-ceaac/files/umcm-ceaac/wf/wf/pdf/cor-dict.pdf (Consulté le 2 avril 2018). Stephen A. White, *Dictionnaire généalogique des familles acadiennes*, première partie, 1636 à 1714, tome I (A à G), Moncton, Centre d'études acadiennes, 1999, p. 6.

172. John Mack Faragher, *A Great and Noble Scheme. The Tragic Story of the Expulsion of the French Acadians from their American Homeland*, New York, W.W. Norton & Company, 2005, p. 110.

173. *Ibid.*, p. 110-111. Stéphan Bujold, « L'Acadie vers 1750. Essai de chronologie des paroisses acadiennes du bassin des Mines (Minas Basin, NS) avant le Grand dérangement », *Société canadienne d'histoire de l'Église catholique*, vol. 70, 2004, p. 67.

174. (*kill, scalp, and carry away every French person.*) John Mack Faragher, *A Great and Noble Scheme. The Tragic Story of the Expulsion of the French Acadians from their American Homeland*, New York, W.W. Norton & Company, 2005, p. 111.

175. Régis Brun, *Les Acadiens avant 1755 : essai*, Moncton, À compte d'auteur, 2003, p. 27.

176. Ronnie-Gilles LeBlanc, « Les églises et cimetières de la paroisse de Saint-Jean-Baptiste de Port-Royal avant 1755 », *Les Cahiers de la Société historique acadienne*, vol. 46, n° 2, juin 2015, p. 61-62.

177. John Mack Faragher, *A Great and Noble Scheme. The Tragic Story of the Expulsion of the French Acadians from their American Homeland*, New York, W.W. Norton & Company, 2005, p. 111.

178. Georges Cerbelaud Salagnac, « Bernard-Anselme d'Abbadie de Saint-Castin », *Dictionnaire biographique du Canada* [En ligne], http://www.biographi.ca/fr/bio/abbadie_de_saint_castin_bernard_anselme_d_2F.html (Consulté le 22 mai 2018).

179. A. Jean E. Lunn, « Simon-Pierre Denys de Bonaventure », *Dictionnaire biographique du Canada* [En ligne], http://www.biographi.ca/fr/bio/denys_de_bonaventure_simon_pierre_2F.html (Consulté le 21 mai 2018).

180. René Baudry, « Jacques-François de Monbeton de Brouillan », *Dictionnaire biographique du Canada* [En ligne], http://www.biographi.ca/fr/bio/monbeton_de_brouillan_jacques_francois_de_2F.html (Consulté le 19 mai 2018).

181. René Baudry, « Daniel d'Auger de Subercase », *Dictionnaire biographique du Canada* [En ligne], http://www.biographi.ca/fr/bio/auger_de_subercase_daniel_d_2F.html (Consulté le 21 mai 2018).

182. Roland Marx, « Royaume-Uni. Histoire », *Encyclopædia Universalis* [En ligne], http://www.universalis-edu.com/encyclopedie/royaume-uni-histoire/ (Consulté le 13 juin 2018).

183. John Mack Faragher, *A Great and Noble Scheme. The Tragic Story of the Expulsion of the French Acadians from their American Homeland*, New York, W.W. Norton & Company, 2005, p. 114. René Baudry, « Daniel d'Auger de Subercase », *Dictionnaire biographique du Canada* [En ligne], http://www.biographi.ca/fr/bio/auger_de_subercase_daniel_d_2F.html (Consulté le 21 mai 2018).

184. René Baudry, « Daniel d'Auger de Subercase », *Dictionnaire biographique du Canada* [En ligne], http://www.biographi.ca/fr/bio/auger_de_subercase_daniel_d_2F.html (Consulté le 21 mai 2018). John Mack Faragher, *A Great and Noble Scheme. The Tragic Story of the Expulsion of the French Acadians from their American Homeland*, New York, W.W. Norton & Company, 2005, p. 114-115.

185. René Baudry, « Daniel d'Auger de Subercase », *Dictionnaire biographique du Canada* [En ligne], http://www.biographi.ca/fr/bio/auger_de_subercase_daniel_d_2F.html (Consulté le 21 mai 2018).

186. Nicolas Landry et Nicole Lang, *Histoire de l'Acadie*, Québec, Septentrion, 2001, p. 37. George M. Waller, « Samuel Vetch », *Dictionnaire biographique du Canada* [En ligne], http://www.biographi.ca/fr/bio/vetch_samuel_2F.html (Consulté le 21 mai 2018).

187. John Mack Faragher, *A Great and Noble Scheme. The Tragic Story of the Expulsion of the French Acadians from their American Homeland*, New York, W.W. Norton & Company, 2005, p. 118.

188. *Ibid.*, p. 120.

189. René Baudry, « Daniel d'Auger de Subercase », *Dictionnaire biographique du Canada* [En ligne], http://www.biographi.ca/fr/bio/auger_de_subercase_daniel_d_2F.html (Consulté le 21 mai 2018). John Mack Faragher, *A Great and Noble Scheme. The Tragic Story of the Expulsion of the French Acadians from their American Homeland*, New York, W.W. Norton & Company, 2005, p. 116.

190. René Baudry, « Daniel d'Auger de Subercase », *Dictionnaire biographique du Canada* [En ligne], http://www.biographi.ca/fr/bio/auger_de_subercase_daniel_d_2F.html (Consulté le 21 mai 2018).

191. René Baudry, « Daniel d'Auger de Subercase », *Dictionnaire biographique du Canada* [En ligne], http://www.biographi.ca/fr/bio/auger_de_subercase_daniel_d_2F.html (Consulté le 21 mai 2018). John Mack Faragher, *A Great and Noble Scheme. The Tragic Story of the Expulsion of the French Acadians from their American Homeland*, New York, W.W. Norton & Company, 2005, p. 120.

192. René Baudry, « Daniel d'Auger de Subercase », *Dictionnaire biographique du Canada* [En ligne], http://www.biographi.ca/fr/bio/auger_de_subercase_daniel_d_2F.html (Consulté le 21 mai 2018).

193. René Baudry, « Daniel d'Auger de Subercase », *Dictionnaire biographique du Canada* [En ligne], http://www.biographi.ca/fr/bio/auger_de_subercase_daniel_d_2F.html (Consulté le 21 mai 2018).

194. Michel Roy, *L'Acadie des origines à nos jours. Essai de synthèse historique*, Montréal, Québec/Amérique, 1981, p. 74.

195. Régis Brun, *Les Acadiens avant 1755 : essai*, Moncton, À compte d'auteur, 2003, p. 43.

196. Nicolas Landry et Nicole Lang, *Histoire de l'Acadie*, Québec, Septentrion, 2001, p. 109.

197. René Baudry, « Daniel d'Auger de Subercase », *Dictionnaire biographique du Canada* [En ligne], http://www.biographi.ca/fr/bio/auger_de_subercase_daniel_d_2F.html (Consulté le 21 mai 2018).

198. Régis Brun, *Les Acadiens avant 1755 : essai*, Moncton, À compte d'auteur, 2003, p. 43. A. Jean E. Lunn, « Simon-Pierre Denys de Bonaventure », *Dictionnaire biographique du Canada* [En ligne], http://www.biographi.ca/fr/bio/denys_de_bonaventure_simon_pierre_2F.html (Consulté le 21 mai 2018). Bona Arsenault, *Histoire des Acadiens*, Québec, Éditions Fides, 1994, p. 107.

199. Transcription a été reproduite dans : François-Edmé Rameau de Saint-Père, *Une colonie féodale en Amérique. L'Acadie (1604-1881)*, Tome premier, Paris/Montréal, Plon/Granger frères, 1889, p. 353-354.

Glossaire

Aboiteau : C'est un tuyau qui permettait que le surplus d'eau s'écoule en dehors de la digue et qui empêchait que l'eau salée entre à l'intérieur du tuyau lors de la marée haute.

Adage : Un dicton faisant référence à des anecdotes que l'on croyait une vérité.

Affligé : Synonyme d'attristé, qui a de la peine.

Affréter : Action d'équiper un navire, de le préparer pour la navigation. Dans certains cas, c'est aussi la location du navire qui est souvent accompagné d'un acte chez un notaire.

Aïeux : Synonyme du mot ancêtre.

Allégeance : C'est une obligation de fidélité, d'obéissance envers le roi.

Âme : À l'époque, on utilise le mot âme pour faire référence à une personne.

Amplitude : Ceci veut dire l'écart. Dans ce cas-ci, l'écart entre la marée basse et la marée haute. La différence entre les deux est de 11,6 mètres.

Anobli : Le roi avait le pouvoir d'accorder à un individu un statut social de la noblesse.

Apothicaire : C'est en quelque sorte un pharmacien qui préparait des médicaments.

Aumônier : Un synonyme de prêtre.

Baronnet : C'est un titre de noblesse chez les Anglais.

Béothuk : Une des Premières Nations de Terre-Neuve à l'arrivée des Européens.

Bois ouvré : Il s'agit de la transformation d'un arbre en planches de bois, prêtes à utiliser pour la construction.

Bousiller : C'est un synonyme de maçonner. Ici l'auteur veut dire que les maisons sont mal construites.

Caduc : L'auteur veut dire quelqu'un qui est incapable d'aller à la chasse ou invalide.

Canton : C'est une partie du territoire. Ici, le mot est utilisé dans le sens de région.

Capucins : C'est une congrégation religieuse d'hommes et de prêtres.

Cercelle : C'est un petit oiseau qui ressemble à un canard.

Chaumière : Petite maison au toit de chaume (paille).

Coexistence : Le fait de vivre avec d'autres personnes.

Coiffe : C'est un synonyme de chapeau ou de bonnet que l'on met sur la tête.

Colombage : Ceci veut dire que les murs sont faits avec des planches de bois.

Confédération : C'est une alliance entre les tribus autochtones. En temps de guerre, ils se protégeaient entre eux.

Consolider : C'est-à-dire renforcer ou solidifier les liens entre les deux peuples.

Conversion : Le fait d'abandonner ses croyances religieuses pour une autre religion. Dans ce cas, les Amérindiens renonçaient à leurs croyances ancestrales pour devenir catholiques.

Corsaire : Capitaine d'un navire autorisé par le roi pour capturer et voler la marchandise d'un navire ennemi.

Cotillon : C'est un synonyme de jupon. Le jupon est un sous-vêtement qui se portait sous la jupe pour donner du volume à la jupe.

Créancier : C'est quelqu'un qui prête de l'argent.

Défricher : C'est le fait d'enlever les arbres et les roches sur un terrain afin de pouvoir cultiver des légumes et des céréales.

Déportation ou *déporter* : Déplacer, transférer une population par la force, sans sa permission.

Dessein : Synonyme de projet.

Dévotion : Ceci veut dire pratique religieuse.

Digue : Dans ce cas-ci, une digue est une sorte de barrage pour empêcher l'eau salée de se répandre sur la terre lors de la marée haute.

Dissolvant : Ici, ce mot est utilisé dans le sens de faire ressortir le sucre des arbres.

Ecclésiastique : Ici, c'est un synonyme de prêtre.

Embuscade : C'est une attaque par surprise. Les Abénaquis étaient donc cachés avant d'attaquer.

Engagé : C'est un homme qui a signé un contrat l'obligeant à effectuer son métier pendant une durée de deux ou trois ans en Acadie ou en Nouvelle-France. Plusieurs métiers étaient requis afin de créer un village autonome.

Étoffe : Un synonyme de tissu.

Exhorter : Synonyme d'encourager.

Famille linguistique : C'est un regroupement de groupes de personnes ayant des similitudes dans la langue, soit par l'utilisation de mots communs.

Fief : C'est un domaine appartenant à un seigneur à l'époque des seigneuries.

Freter : C'est un abrégé du verbe affréter.

Garnison : C'est un régiment, une troupe militaire.

Gibier : Un animal que l'on chasse dans son habitat naturel.

Habitation : Lire dans cette seigneurie.

Hameau : En campagne, c'est un regroupement de maisons construites près l'une de l'autre. Certaines personnes utilisent le mot village pour désigner les hameaux acadiens. Toutefois, il n'y avait pas d'église, ni de magasin général dans les hameaux acadiens.

Hiéroglyphe : C'est une écriture ancienne faite avec des symboles, des figurines ou des dessins. Elle est différente dans chacune des cultures.

Intérim : C'est-à-dire qu'il est le remplaçant en attendant la nomination d'une autre personne.

Laborieux : Synonyme de travaillant.

Langes : Le tissu qui était utilisé pour emmailloter l'enfant, donc, dans ce cas-ci, les peaux d'animaux.

Lettres patentes : C'est une lettre exprimant une directive du roi ou une décision prise par le roi.

Lieue : C'est une mesure équivalant à presque 5 kilomètres.

Liquider : C'est-à-dire que la compagnie n'existe plus. Elle a cessé ses opérations.

Littoral : La région côtière.

Glossaire

Livre sterling ou *écu* : C'est le nom de l'argent à l'époque. La livre sterling, est la monnaie des Britanniques et l'écu, celle des Français.

Marguillier : C'est quelqu'un qui administre les biens d'une paroisse, comme l'église.

Mœurs : C'est-à-dire avec de bonnes habitudes de vie, avoir un bon comportement.

Mortier : Sorte de gros canon.

Néophyte : Ce mot veut dire que quelqu'un est nouvellement converti à une nouvelle religion.

Octroyer : C'est un synonyme d'accorder, de concéder.

Palissade : C'est une clôture construite avec des troncs d'arbres.

Pelleterie : C'est la préparation de la peau des animaux, de la fourrure.

Pétroglyphe : C'est un dessin symbolique qui a été gravé sur de la pierre (comme sur la couverture du livre).

Pinnace : C'est un type de bateau. En français, c'est une pinasse, et en anglais, c'est *pinnace*.

Position fœtale : C'est-à-dire « les genoux contre le ventre, et la tête sur les genoux, tout ainsi que nous sommes dans le ventre de notre mère ». Source : –, *Relations des Jésuites. 1611-1636*, Tome 1 (année 1611), Montréal, Éditions du Jour, 1972, p. 19.

Premières Nations : C'est une expression utilisée pour la population établie avant l'arrivée des Européens en Amérique. Il existe aussi deux synonymes : Autochtone et Amérindien. Certaines personnes utilisent le mot *Indien* pour les identifier, parce que les explorateurs du 16e siècle croyaient être arrivés en Inde lorsqu'ils ont accosté en Amérique du Nord.

Promptement : Très rapidement, sans hésitation.

Pudeur : C'est ce qui nous retient d'exposer notre nudité ou une partie de notre corps en particulier.

Race : Ici, le mot est utilisé dans le sens de groupe ethnique ayant les mêmes ancêtres et la même culture.

Ravitaillements : Ce sont des effets nécessaires pour la survie de la colonie et qu'on ne pouvais pas trouver sur place. Ils comprennent notamment de la nourriture, comme du sucre et de la farine, mais aussi des outils.

Rebuter : Un synonyme de renoncer et abandonner.

Récollet et *rédemptoriste* : Ce sont des congrégations religieuses d'hommes et de prêtres.

Révocation : C'est un synonyme de retirer ou d'enlever.

Salut : Dans cette expression, le salut fait référence au paradis des chrétiens. Ceci voulait dire que si quelqu'un n'était pas catholique, il ne pourrait pas aller au paradis après sa mort. Par déduction, cela voulait dire que la personne allait en enfer après sa mort.

Saqamaw : C'est-à-dire le chef. Il existe aussi des synonymes : sachem, sagamore ou sagamo.

Saunier : C'est quelqu'un qui extrait le sel du sol en asséchant un marais qui est en bordure de l'eau de mer, qu'on appelle un marais salant.

Scalp : C'est le cuir chevelu. À l'époque, lors d'une attaque ou d'une guerre, les Amérindiens scalpaient leurs victimes. À l'aide d'un couteau, l'Amérindien vainqueur coupait le contour des cheveux de la victime et conservait les cheveux, telle une perruque, en guise de trophée.

Scorbut : Une maladie qui se développe chez l'être humain qui manque de vitamine C. Les symptômes sont un état de fatigue, des saignements des gencives et du nez. Les gens en mourraient d'épuisement.

Subrogé : Cela veut dire la personne désignée.

Tableau : Ici, il s'agit de toile peinte qui représente des scènes de la vie de Jésus ou d'autres personnes importantes de la religion catholique.

Torchis : C'est un mortier, une sorte de ciment qui tient les pierres entre elles pour élever un mur.

Ursulines, *Carmélites* et *Visitendines* : Ce sont trois communautés religieuses différentes de femmes.

Us et coutumes : Ce sont les traditions ou les façons de faire propre à un peuple.

Victuailles : Ce sont des provisions alimentaires, de la nourriture.

Bibliographie

Sources manuscrites

Certificat de Michel Boudrot, lieutenant général en Acadie, le 5 octobre 1687. Archives nationales d'outre-mer, France, ANOM, COL C11D vol. 2/fol. 85-86.

Confirmation du gouverneur d'Acadie pour Charles de Saint-Etienne de La Tour. Copie datée de Louisbourg, 5 novembre 1720. Archives nationales d'outre-mer, France, ANOM, COL C11D vol. 1/fol. 82-83v.

Le sieur Labat au ministre: état des terres occupées par le fort du Port-Royal et des maisons à démolir comme nuisibles aux fortifications. 2 décembre 1705. Archives nationales d'outre-mer, France, ANOM, COL C11D vol. 5/fol. 157-158v.

Lettre de Duchesneau au ministre, Québec, 13 novembre 1680. Archives nationales d'outre-mer, France, ANOM, COL C11A vol. 5/fol. 161-181.

Lettre du ministre Colbert à Talon, Versailles, 5 avril 1666. Archives nationales d'outre-mer, France, ANOM, COL C11A vol. 2/fol. 199-206v.

Numéro 8. Recensement nominal de Port-Royal. Signé: Laurent Molins, cordelier. Joint à la lettre du chevalier de Grandfontaine, 1671. Archives nationales d'outre-mer, France, ANOM, COL G1 466 (Bibliothèque et Archives Canada, MIKAN n° 2319362).

Numéro 9. Familles établies à l'Acadie. Abrégé envoyé de Québec à Colbert par le sieur Randin, 8 novembre 1671. Archives nationales d'outre-mer, France, ANOM, COL G1 466 (Bibliothèque et Archives Canada, MIKAN n° 2319363).

Monographies et articles

AISSAOUI, Driss, « Robert Challe, témoin suspect de la prise de Chédabouctou », *Lumen: Selected Proceedings From the Canadian Society for Eighteenth-Century Studies*, vol. 27, 2008, p. 1-11.

—, « Alphabet de paléographie », *Généa-logiques* [En ligne], https://genealogiques.wordpress.com/alphabet-de-paleographie/ (Consulté le 24 octobre 2016).

—, « Anne Stuart (1665-1714). Une reine méconnue », *Herodote.net* [En ligne], https://www.herodote.net/Anne_Stuart_1665_1714_-synthese-404.php (Consulté le 21 mai 2018).

ARSENAULT, Bona, *Histoire des Acadiens*, Québec, Éditions Fides, 1994, 395 p.

BAILLARGEON, Noël, « Claude Trouvé », *Dictionnaire biographique du Canada* [En ligne], http://www.biographi.ca/fr/bio/trouve_claude_2F.html (Consulté le 12 mai 2018).

BASQUE, Maurice et Jacques-Paul COUTURIER (dirs), *Les territoires de l'identité. Perspectives acadiennes et françaises, XVIIe-XXe siècles*, Coll. « Mouvange », Moncton, Chaire d'études acadiennes de l'Université de Moncton, 2005, 236 p.

BAUDRY, René, « Charles de Menou d'Aulnay », *Dictionnaire biographique du Canada* [En ligne], http://www.biographi.ca/fr/bio/menou_d_aulnay_charles_de_1F.html (Consulté le 9 avril 2018).

BAUDRY, René, « Daniel d'Auger de Subercase », *Dictionnaire biographique du Canada* [En ligne], http://www.biographi.ca/fr/bio/auger_de_subercase_daniel_d_2F.html (Consulté le 21 mai 2018).

BAUDRY, René, « Hector d'Andigné de Grandfontaine », *Dictionnaire biographique du Canada* [En ligne], http://www.biographi.ca/fr/bio/andigne_de_grandfontaine_hector_d_1F.html (Consulté le 19 avril 2018).

BAUDRY, René, « Jacques de Chambly », *Dictionnaire biographique du Canada* [En ligne], http://www.biographi.ca/fr/bio/chambly_jacques_de_1F.html (Consulté le 28 avril 2018).

BAUDRY, René, « Jacques-François de Monbeton de Brouillan », *Dictionnaire biographique du Canada* [En ligne], http://www.biographi.ca/fr/bio/monbeton_de_brouillan_jacques_francois_de_2F.html (Consulté le 19 mai 2018).

BAUDRY, René, « Louis-Alexandre des Friches de Meneval », *Dictionnaire biographique du Canada* [En ligne], http://www.biographi.ca/fr/bio/des_friches_de_meneval_louis_alexandre_2F.html (Consulté le 6 mai 2018).

BAUDRY, René, « Louis-Pierre Thury », *Dictionnaire biographique du Canada* [En ligne], http://www.biographi.ca/fr/bio/thury_louis_pierre_1F.html (Consulté le 27 mai 2018).

BAUDRY, René, « Madame de Brice », *Dictionnaire biographique du Canada* [En ligne], http://www.biographi.ca/fr/bio/brice_madame_de_1E.html (Consulté le 7 avril 2018).

BAUDRY, René, « Nicolas Le Creux Du Breuil », *Dictionnaire biographique du Canada* [En ligne], http://www.biographi.ca/fr/bio/le_creux_du_breuil_nicolas_1F.html (Consulté le 1er avril 2018).

BINASCO, Matteo, « Capucins, jésuites et récollets en Acadie de 1610 à 1710 : une première évangélisation assez chaotique », *Histoire et missions chrétiennes*, vol. 2, n° 2, 2007, p. 163-176.

BLAIR, Susan, « Site archéologique de Jemseg », *L'Encyclopédie canadienne* [En ligne], http://encyclopediecanadienne.ca/fr/article/site-archeologique-de-jemseg/ (Consulté le 22 avril 2018).

BOURGEOIS, Philias-Frédéric, *L'histoire du Canada*, Montréal, Librairie Beauchemin, 1913, 236 p.

BRASSEAUX, Carl, *Scattered to the Wind. Dispersal and Wanderings of the Acadians, 1755-1809*, Lafayette, The Center for Louisiana Studies, 1991, 84 p.

BRAULT, Lucien, « Relation du Voyage de l'intendant Jacques de Meulles fait en Acadie entre le 11 octobre 1685 et le 6 juillet 1686 », *Revue d'histoire de l'Amérique française*, vol. 2, n° 3, décembre 1948, p. 432-439.

BRUN, Régis, *Les Acadiens avant 1755 : essai*, Moncton, À compte d'auteur, 2003, 128 p.

BUJOLD, Stéphan, « L'Acadie vers 1750. Essai de chronologie des paroisses acadiennes du bassin des Mines (Minas Basin, NS) avant le Grand dérangement », *Société canadienne d'histoire de l'Église catholique*, vol. 70, 2004, p. 57-77.

CASGRAIN, Henri-Raymond, *Collection de documents inédits sur le Canada et l'Amérique*, Tome premier, Québec, Imprimerie de L.-J. Demers & frères, 1888, 211 p.

CASGRAIN, Henri-Raymond, *Collection de documents inédits sur le Canada et l'Amérique*, Tome deuxième, Québec, Imprimerie de L.-J. Demers & frères, 1889, 202 p.

CASGRAIN, Henri-Raymond, *Collection de documents inédits sur le Canada et l'Amérique*, Tome troisième, Québec, Imprimerie de L.-J. Demers & frères, 1890, 227 p.

CASGRAIN, Henri-Raymond, *Une Seconde Acadie. L'île Saint-Jean – Île du Prince-Édouard sous le régime français*, Québec, Imprimerie de L.-J. Demers & frères, 1894, 419 p.

CERBELAUD SALAGNAC, Georges, « Bernard-Anselme d'Abbadie de Saint-Castin », *Dictionnaire biographique du Canada* [En ligne], http://www.biographi.ca/fr/bio/abbadie_de_saint_castin_bernard_anselme_d_2F.html (Consulté le 22 mai 2018).

CHARD, Donald F., « John Nelson », *Dictionnaire biographique du Canada* [En ligne], http://www.biographi.ca/fr/bio/nelson_john_2F.html (Consulté le 11 mai 2018).

COMEAU, J.-Roger, « Michel Leneuf de La Vallière et de Beaubassin », *Dictionnaire biographique du Canada* [En ligne], http://www.biographi.ca/fr/bio/leneuf_de_la_valliere_et_de_beaubassin_michel_1705_2F.html (Consulté le 1er mai 2018).

CORMIER, Clément, « Alexandre LeBorgne de Belle-Isle », *Dictionnaire biographique du Canada* [En ligne], http://www.biographi.ca/fr/bio/le_borgne_de_belle_isle_alexandre_1F.html (Consulté le 16 avril 2018).

CORMIER, Clément, « Jacques (Jacob) Bourgeois », *Dictionnaire biographique du Canada* [En ligne], www.biographi.ca/fr/bio/bourgeois_jacques_2F.html (Consulté le 16 avril 2018).

DAIGLE, Jean (dir.), « L'Acadie au temps du Sr Perrot », *Les Cahiers de la Société historique acadienne*, 19e cahier, vol. 2, n° 9, avril-juin 1968, p. 313-346.

DAIGLE, Jean (dir.), *L'Acadie des Maritimes. Études thématiques des débuts à nos jours*, Moncton, Chaire d'études acadiennes, 1993, 910 p.

De COSTA, Benjamin Franklin, *Verrazano the explorer: being a vindication of his letter and voyage*, New York, A.S. Barnes & company, 1880, 82 p.

DELAFOSSE, M., « La Rochelle et le Canada au XVIIe siècle », *Revue d'histoire de l'Amérique française*, vol. 4, n° 4, mars 1951, p. 469-511.

DELOFFRE, Frédéric, « Chronique de Chedabouctou : La colonie rocheloise de Chedabouctou racontée par un témoin », *Proceedings of the Meeting of the French Colonial Historical Society*, Michigan State University Press, 1998, p. 91-106.

D'ENTREMONT, Clarence J., « Premier enfant né en Acadie 1620 », *Les Cahiers de la Société historique acadienne*, 19e cahier, vol. 2, n° 2, avril-juin 1968, p. 350-356.

DESJARDINS, Gérard, « Louis Petit », *Dictionnaire biographique du Canada* [En ligne], http://www.biographi.ca/fr/bio/petit_louis_2F.html (Consulté le 11 avril 2018).

Bibliographie

—, « Des vestiges vikings découverts au Canada », *Le Figaro.fr* [En ligne], http://www.lefigaro.fr/flash-actu/2016/04/01/97001-20160401FILWWW00391-des-vestiges-vikings-decouverts-au-canada.php (Consulté le 17 novembre 2015).

DIÉREVILLE, Monsieur de, *Voyage du Sieur de Diéreville en Acadie : précédé d'une introduction et suivi de notes et d'extraits/par L. Urgèle Fontaine*, Québec, Imprimerie A. Côté et cie, 1885, 243 p.

DUBÉ, Alexandre, « Tradition, bouleversement, survie : L'art touristique mi'kmaq », *Musée McCord* [En ligne], http://www.musee-mccord.qc.ca/scripts/printtour.php?tourID=VQ_P1_3_FR&Lang=2 (Consulté le 21 septembre 2017).

DUBOST, Michel (dir.), *Théo. L'Encyclopédie catholique pour tous*, Paris, Droguet-Ardant/Fayard, 1993, 1327 p.

DUGAS, Louis J., *L'alphabétisation des Acadiens, 1700-1850*. Mémoire présenté à la Faculté des études supérieures de l'Université d'Ottawa, 1993, 122 p.

ECCLES, W. J., « François-Marie Perrot », *Dictionnaire biographique du Canada* [En ligne], http://www.biographi.ca/fr/bio/perrot_francois_marie_1F.html (Consulté le 6 mai 2018).

ECCLES, W. J., « Jacques de Meulles », *Dictionnaire biographique du Canada* [En ligne], http://www.biographi.ca/fr/bio/meulles_jacques_de_2F.html (Consulté le 3 mai 2018).

FARAGHER, John Mack, *A Great and Noble Scheme. The Tragic Story of the Expulsion of the French Acadians from their American Homeland*, New York, W.W. Norton & Company, 2005, 562 p.

—, « Fort La Tour », *University of New Brunswick* [En ligne], http://www.unb.ca/nbmhp-database/st.-john-county/city-of-saint-john-points-of-interest/fort-la-tour.php (Consulté le 4 avril 2018).

GALLIEN, Arthur, « Néguac », *Les Cahiers de la Société historique acadienne*, 3e cahier, 1963, p. 4-17.

GAUDET, Placide, « Copie du serment de fidélité (1727) », *Rapport concernant les archives canadiennes (RAC) pour l'année 1905*, vol II, Ottawa, Archives publiques de Canada, 1906, appendice A, 3e partie, app N, p. 362.

GAUDET, Placide, *Le Grand Dérangement. Sur qui retombe la responsabilité de l'Expulsion des Acadiens*, Ottawa, Ottawa Printing Compagny, 1922, 84 p.

GAUDET, Placide, « Les seigneuries de l'ancienne Acadie », *Bulletin des recherches historiques*, vol. 33, no 6, juin 1927, p. 343-347.

GAUDET, Placide, *Rapport concernant les archives canadiennes (RAC) pour l'année 1905*, 3 volumes, Ottawa, Archives publiques du Canada, 1906.

—, « Glossaire », *Église catholique en France* [En ligne], https://eglise.catholique.fr/glossaire/ (Consulté le 19 juin 2018).

GODIN, Edwidge, C.N.D., « La Congrégation de Notre-Dame et son œuvre d'éducation en Acadie, de 1685 à 1758 », *Héritage*, no 32, mars 1999, p. 3-17.

GODIN, Sylvain et Maurice BASQUE, *Histoire des Acadiens et des Acadiennes du Nouveau-Brunswick*, Tracadie, La Grande Marée, 2007, 160 p.

GRIFFITHS, Naomi E.S., *L'Acadie de 1686 à 1784. Contexte d'une histoire* (traduction de Kathryn Hamer), Moncton, Les éditions d'Acadie, 1997, 134 p.

—, « Guerre de la ligue d'Augsbourg », *Larousse* [En ligne], http://www.larousse.fr/encyclopedie/divers/guerre_de_la_ligue_d_Augsbourg/106689 (Consulté le 9 mai 2018).

—, « Guerre de la Succession d'Espagne (1702-1713) », *Herodote.net* [En ligne], https://www.herodote.net/1702_1713-synthese-84.php (Consulté le 21 mai 2018).

GUIDRY, Marty, « New Research reveals Guédry's Exiled to North Carolina », *Les Guédry d'Asteur*, vol. 7, n° 1, winter 2009, p. 12-39.

HAYNES, Mark, *The Forgotten Battle: A History of the Acadians of Canso/Chedabuctou*, Victoria (Colombie-Britannique), Trafford Publishing, 2004, 264 p.

—, « Histoire de la Grande-Bretagne », *L'Encyclopédie Larousse* [En ligne], [http://www.larousse.fr/encyclopedie/divers/histoire_de_la_Grande-Bretagne/185776] (Consulté le 13 mars 2013).

—, « History of Windsor, Nova Scotia », *NovaScotia.com* [En ligne], http://www.novascotia.com/about-nova-scotia/regions/bay-fundy-annapolis/windsor (Consulté le 24 octobre 2016).

HIVERT-LE FAUCHEUX, Monique, « La vie quotidienne en Acadie au temps de Razilly : le témoignage d'un document manuscrit », *Les Cahiers de la Société historique acadienne*, vol. 26, n° 2, avril-juin 1995, p. 116-129.

HODY, Maud, « Guillaume Blanchard », *Dictionnaire biographique du Canada* [En ligne], http://www.biographi.ca/fr/bio/blanchard_guillaume_2F.html (Consulté le 6 mai 2018).

HUGUET, Adrien, *Jean de Poutrincourt, fondateur de Port-Royal en Acadie, vice-roi du Canada, 1557-1615 : campagnes, voyages et aventures d'un colonisateur sous Henri IV*, Amiens, Société des antiquaires de Picardie, 1932, 560 p. (Mémoires de la Société des antiquaires de Picardie).

—, « Huit guerres de religion », *Herodote.net* [En ligne], https://www.herodote.net/Huit_guerres_de_religion-synthese-150-25.php (Consulté le 4 avril 2018).

JOHNSTON, Andrew John Bayly et Francis JESSE, *Ni'n na L'nu : les Mi'kmaq de l'Île-du-Prince-Édouard*, Tracadie, La Grande Marée, 2014, 89 p.

KAUDER, Christian, *Manuel de prières, instructions et chants sacrés en hiéroglyphes micmacs (1866)*, Ristigouche, The Micmac Messenger, réédité en 1921, 456 p.

LACOURSIÈRE, Jacques, Jean PROVENCHER et Denis VAUGEOIS, *Canada-Québec. Synthèse historique*, Montréal, Éditions du Renouveau pédagogique, 1976, 625 p.

LADOUCEUR, Sylvie et Marc ROBICHAUD, *Vivre sa santé en français au Nouveau-Brunswick. Le parcours engagé des communautés acadiennes et francophones dans le domaine de la santé*, Moncton, Institut d'études acadiennes, 2011, 103 p.

LANDRY, Nicolas, *La Cadie. Frontière du Canada. Micmacs et Eurocanadiens au Nord-Est du Nouveau-Brunswick, 1620-1850*, Québec, Septentrion, 2013, 337 p.

LANDRY, Nicolas et Nicole LANG, *Histoire de l'Acadie*, Québec, Les éditions du Septentrion, 2001, 335 p.

—, « La route des épices », *Herodote.net* [En ligne], https://www.herodote.net/La_route_des_epices-synthese-1925.php (Consulté le 19 mars 2018).

LAVOIE, Marc, « Les aboiteaux acadiens : origines, controverses et ambiguïtés », *Port Acadie*, n°s 13–14–15, printemps 2008 – automne 2008 – printemps 2009, p. 115-145.

LEBLANC, Émery (collaboration), « Joseph Robinau de Villebon », *Dictionnaire biographique du Canada* [En ligne], http://www.biographi.ca/fr/bio/robinau_de_villebon_joseph_1F.html (Consulté le 7 mai 2018).

LEBLANC, Ronnie-Gilles (dir.), *Du Grand Dérangement à la Déportation. Nouvelles perspectives historiques*, Moncton, Chaire d'études acadiennes, 2005, 465 p.

LEBLANC, Ronnie-Gilles, « Les églises et cimetières de la paroisse de Saint-Jean-Baptiste de Port-Royal avant 1755 », *Les Cahiers de la Société historique acadienne*, vol. 46, n° 2, juin 2015, p. 57-78.

LEBLANC, Ronnie-Gilles, « Les réfugiés acadiens au camp d'Espérance de la Miramichi en 1756-1761 : un épisode méconnu du Grand Dérangement », *Acadiensis*, vol. 41, hiver-printemps 2012, p. 128-168.

LEBLANT, Robert, « L'avitaillement du Port-Royal d'Acadie par Charles de Biencourt et les marchands rochelais, 1615-1618 », *Revue d'Histoire des Colonies*, tome 44, n° 155, deuxième trimestre 1957, p. 138-164.

LEBLANT, Robert, « La Compagnie de la Nouvelle-France et la restitution de l'Acadie, 1627-1636 », *Revue d'Histoire des Colonies*, tome 42, n° 146, 1955, p. 69-93.

LEBLANT, Robert, « Les études historiques sur la colonie française d'Acadie, 1603-1713 », *Revue d'Histoire des Colonies*, tome 35, n° 122, premier semestre 1948, p. 84-113.

LECLERC, Jacques, « La famille basque », *L'aménagement linguistique dans le monde* [En ligne], http://www.axl.cefan.ulaval.ca/monde/fambasque.htm (Consulté le 5 mars 2018).

—, *Le petit Larousse 2010*, Paris, Larousse, 2009, 1813 p.

LEVERETT, Charles Edward, *A memoir biographical and genealogical, of Sir John Leverett, knt., governor of Massachusetts, 1673-79*, Boston, Crosby, Nichols and company, 1856, 203 p.

—, « Lieu historique national du Canada Village-Indien-de-Médoctec/Fort-Meductic », *Agence Parcs Canada* [En ligne], http://www.historicplaces.ca/fr/rep-reg/place-lieu.aspx?id=14831&pid=0 (Consulté le 17 juin 2018).

LUNN, A. Jean E., « Simon-Pierre Denys de Bonaventure », *Dictionnaire biographique du Canada* [En ligne], http://www.biographi.ca/fr/bio/denys_de_bonaventure_simon_pierre_2F.html (Consulté le 21 mai 2018).

MACBEATH, George, « Charles de Saint-Étienne de La Tour », *Dictionnaire biographique du Canada* [En ligne], http://www.biographi.ca/fr/bio/denys_nicolas_1F.html (Consulté le 3 avril 2018).

MACBEATH, George, « Isaac de Razilly », Dictionnaire biographique du Canada [En ligne], http://www.biographi.ca/fr/bio/razilly_isaac_de_1F.html (Consulté le 30 mars 2018).

MACBEATH, George, « Nicolas Denys », *Dictionnaire biographique du Canada* [En ligne], http://www.biographi.ca/fr/bio/denys_nicolas_1F.html (Consulté le 3 avril 2018).

MACBEATH, George, « Pierre de Joybert (Joibert) de Soulanges et de Marson », *Dictionnaire biographique du Canada* [En ligne], http://www.biographi.ca/fr/bio/joybert_de_soulanges_et_de_marson_pierre_de_1F.html (Consulté le 29 avril 2018).

MAQTEWÉKPAQTISM, « Mi'kmaq Grand Council flag », *Mi'kmaq (Canada)* [En ligne], http://flagspot.net/flags/ca_micmc.html (Consulté le 24 septembre 2017).

MARX, Roland, « Royaume-Uni. Histoire », *Encyclopædia Universalis* [En ligne], http://www.universalis-edu.com/encyclopedie/royaume-uni-histoire/ (Consulté le 13 juin 2018).

MASSIGNON, Geneviève, « La seigneurie de Charles de Menou d'Aulnay, gouverneur de l'Acadie, 1635-1650 », *Revue d'histoire de l'Amérique française*, vol. 16, n° 4, mars 1963, p. 469-501.

MASSIGNON, Geneviève, *Les parlers français d'Acadie, enquête linguistique*, Vol. 1, Paris, Librairie C. Khncksieck, 1962, 484 p.

McCUE, Harvey A., « Réserves », *Encyclopédie canadienne* [En ligne], http://encyclopediecanadienne.ca/fr/article/reserves-2/ (Consulté le 19 mars 2018).

McCULLY, Bruce T., « Francis Nicholson », *Dictionnaire biographique du Canada* [En ligne], http://www.biographi.ca/fr/bio/nicholson_francis_2F.html (Consulté le 11 juin 2018).

McFEAT, Tom, « Wolastoqiyik (Malécites) », *L'Encyclopédie canadienne* [En ligne], https://encyclopediecanadienne.ca/fr/article/malecites/#h3_jump_0 (Consulté le 28 mai 2018).

— « Mi'kmaw Daily Life – Organization », *Mi'kmaw Spirit* [En ligne], http://www.muiniskw.org/pgCulture1b.htm (Consulté le 28 mai 2018).

MOUHOT, Jean-François, *Les réfugiés acadiens en France. 1758-1785. L'impossible réintégration ?*, Québec, Les éditions du Septentrion, 2009, 448 p.

MURDOCH, Beamish, *A History of Nova-Scotia, or Acadie*, vol. 1, Halifax, James Barnes, 1865, 543 p.

NERROU, Jacques, *Navires et engagés pour « les terres neufve de la Nouvelle-France et des coste de la Cadie ». 1600-1654. Notaires Rochelais*, Saint-Agnant, France, À compte d'auteur, avril 1999, 25 p.

NOËL, Michel, *Amérindiens et Inuit du Québec*, Québec, Éditions Sylvain Harvey, 2003, 58 p.

NOVA SCOTIA HISTORICAL SOCIETY, *Collections of the Nova Scotia Historical Society*, Vol. V, Halifax, Wm. MacNab, 1887, 156 p.

NOVA SCOTIA HISTORICAL SOCIETY, *Collections of the Nova Scotia Historical Society*, Vol. XV, Halifax, Wm. MacNab & Son, 1911.

NOVA SCOTIA HISTORICAL SOCIETY, *Collections of the Nova Scotia Historical Society*, Vol. XVI, Halifax, Wm. MacNab & Son, 1912, 225 p.

NOVA SCOTIA HISTORICAL SOCIETY, *Collections of the Nova Scotia Historical Society*, Vol. XVIII, Halifax, Wm. MacNab & Son, 1914, 130 p.

PASTORE, Ralph T., « La culture traditionnelle des Mi'kmaq », *Newfoundland and Labrador Heritage* [En ligne], http://www.heritage.nf.ca/articles/en-francais/aboriginal/culture-mikmaq.php (Consulté le 28 mai 2018).

PAUL, Daniel N., « Mi'kmaq Territory & Culture », *Mi'kmaqCulture* [En ligne], http://www.danielnpaul.com/Mi'kmaqCulture.html (Consulté le 3 mars 2018).

PECKHAM, Howard H., « Benjamin Church », *Dictionnaire biographique du Canada* [En ligne], http://www.biographi.ca/fr/bio/church_benjamin_2F.html (Consulté le 12 mai 2018).

PERRON, René-Fernand, « Dans la famille Bourgeois : un frère et un père imaginaires », *Racines et Rameaux Français d'Acadie*, n° 35, décembre 2005, p. 17-19.

PITRE, Marie-Claire et Denise PELLETIER, *Les Pays-Bas. Histoire de la région jemseg-Woodstock sur la rivière Saint-Jean pendant la période française (1604-1759)*, Fredericton, N.-B., Société d'histoire de la rivière Saint-Jean, 1985, 165 p.

PLANT, David, « Biography of Oliver Cromwell », *BCW Project* [En ligne], http://bcw-project.org/biography/oliver-cromwell (Consulté le 16 avril 2018).

POPE, Peter E., « Activités économiques. Baleiniers basques », *Musée virtuelle de la Nouvelle-France* [En ligne], http://www.museedelhistoire.ca/musee-virtuel-de-la-nouvelle-france/activites-economiques/baleiniers-basques/ (Consulté le 5 mars 2018).

POTHIER, Bernard, « Nicolas Denys: The Chronology and Historiography of an Acadian Hero », *Acadiensis*, vol. 1, n° 1, automne 1971, p. 54-70.

—, « Québec, registres paroissiaux catholiques, 1621-1979 », *Collections des documents d'archives/Familysearch* [En ligne], https://familysearch.org/search (Consulté le 24 octobre 2016).

—, « Quelques lettres relatives aux colonies (de Charles de La Tour, 25 juillet 1627) », *Bulletin de la Société de l'histoire de France*, n° 8, août-septembre 1853, p. 135-137.

RAMEAU de SAINT-PÈRE, François-Edmé, *Une colonie féodale en Amérique. L'Acadie (1604-1881)*, Tome premier, Paris/Montréal, Plon/Granger frères, 1889, 365 p.

RAMEAU de SAINT-PÈRE, François-Edmé, *Une colonie féodale en Amérique. L'Acadie (1604-1881)*, Tome second, Paris/Montréal, Plon/Granger frères, 1889, 425 p.

— « Recensements d'Acadie », *Centre d'études acadiennes Anselme-Chiasson* [En ligne], http://139.103.17.56/cea/livres/doc.cfm?livre=recensements (Consulté le 2 mai 2018).

—, *Relations des Jésuites. 1611-1636*, Tome 1 (année 1611), Montréal, Éditions du Jour, 1972, 76 p.

RENAUDOT, Theophraste, « Gazette de Renaudot », *Bibliothèque nationale de France* [En ligne], http://gallica.bnf.fr/ark:/12148/cb32780022t/date (Consulté le 31 mars 2018).

RICHARD, Édouard, *Acadie. Reconstruction d'un chapitre perdu de l'histoire d'Amérique*, Tome premier, Québec/Boston, Henri d'Arles [Henri Beaudé], 1916, 418 p.

RICHARD, Édouard, *Acadie. Reconstruction d'un chapitre perdu de l'histoire d'Amérique*, Tome deuxième, Québec/Boston, Henri d'Arles [Henri Beaudé], 1918, 504 p.

RICHARD, Édouard, *Acadie. Reconstruction d'un chapitre perdu de l'histoire d'Amérique*, Tome troisième, Québec/Boston, Henri d'Arles [Henri Beaudé], 1921, 547 p.

RICHARD, Zachary, Sylvain GODIN et Maurice BASQUE, *Histoire des Acadiennes et des Acadiens de la Louisiane*, Lafayette, University of Louisiana, distributeur officiel au Canada : La Grande Marée, 2012, 130 p.

ROBERTS, William I., 3 RD., « Robert Sedgwick », *Dictionnaire biographique du Canada* [En ligne], http://www.biographi.ca/fr/bio/sedgwick_robert_1F.html (Consulté le 9 avril 2018).

ROMPILLON, Samantha, « Entre mythe et réalité : Beaubassin, miroir d'une communauté acadienne avant 1755 », Martin Pâquet et Stéphane Savard (dir.), *Balises et références. Acadies, francophonies*, Québec, Les Presses de l'Université Laval, 2007, p. 271-297.

ROSS, Sally et J. Alphonse DEVEAU, *Les Acadiens de la Nouvelle-Écosse. Hier et aujourd'hui*, Moncton, Éditions d'Acadie, 1995, 293 p.

ROUX, François, « Liste des passagers du St François », *Poitou-Acadie-Bretagne* [En ligne], http://froux.pagesperso-orange.fr/divers/stfran.html (Consulté le 13 mars 2013).

ROY, Michel, *L'Acadie des origines à nos jours. Essai de synthèse historique*, Montréal, Éditions Québec Amérique, 1981, 340 p.

ROY, Pierre-Georges, « Lettre du ministre Colbert à Talon (4 juin 1672) », *Rapport de l'archiviste de la province de Québec (RAPQ)*, tome 11, 1930-1931, p. 168-170.

RUMILLY, Robert, *Histoire des Acadiens*, Volume I., Montréal, Fides, 1955, 548 p.

RYDER, Huia G. (collaboration), « Charles Biencourt de Saint-Just », *Dictionnaire biographique du Canada* [En ligne], http://www.biographi.ca/fr/bio/biencourt_de_saint_just_charles_de_1F.html (Consulté le 2 avril 2018).

RYDER, Huia G. (collaboration), « Jean de Biencourt de Poutrincourt et de Saint-Just », *Dictionnaire biographique du Canada* [En ligne], http://www.biographi.ca/fr/bio/biencourt_de_poutrincourt_et_de_saint_just_jean_de_1F.html (Consulté le 2 avril 2018).

SAINT-VALLIER, Jean-Baptiste de la Croix de Chevrières de, *Estat présent de l'Eglise et de la colonie française dans la Nouvelle-France/ par M. L'évêque de Québec*, Québec, ré-imprimé par Augustin Coté & cie, 1856, 102 p.

SA'N, « Légendes amérindiennes/L'nu a'tukwaqann », *Mi' kma' ki internet igtug* [En ligne], http://www.astrosante.com/legendes_amerindiennes.html (Consulté le 21 septembre 2017).

SA'N, « Premiers occupants. Depuis toujours les Indiens ont vécu ici. Il y a longtemps… », *Mi' kma' ki internet igtug* [En ligne], http://www.astrosante.com/PremiersAmgwesewajuit.html (Consulté le 21 septembre 2017).

SAVARD, Denis, *Racines acadiennes*, Tome 1, Caraquet, Les Éditions de la Francophonie, 2016, 204 p.

SAVARD, Denis, « Racines acadiennes – Les Melanson dit de La Verdure, de Westminster (suite) », *Acadie Nouvelle* [En ligne], https://www.acadienouvelle.com/etc/gensdici/2016/10/02/racines-acadiennes-melanson-dit-de-verdure-de-westminster-suite/ (Consulté le 28 avril 2018).

SAVARD, Denis, « Racines acadiennes – Les Melanson et nos ancêtres bostonnais », *Acadie Nouvelle* [En ligne], https://www.acadienouvelle.com/etc/gensdici/2016/09/18/racines-acadiennes-melanson-nos-ancetres-bostonnais/ (Consulté le 28 avril 2018).

SILHOUETTE, Étienne de, Augustin-Félix-Elisabeth Barrin LA GALISSONNIÈRE et Jean Ignace de LA VILLE, *Mémoires des commissaires du Roi et de ceux de sa Majesté Britannique : Sur les possessions & les droits respectifs des deux Couronnes en Amérique avec les actes publics & pièces justificatives. Tome premier, contenant les mémoires sur l'Acadie & sur l'isle de Sainte-Lucie*, Paris, de l'Imprimerie Royale, 1755.

SILHOUETTE, Étienne de, Augustin-Félix-Elisabeth Barrin LA GALISSONNIÈRE et Jean Ignace de LA VILLE, *Mémoires des commissaires du Roi et de ceux de sa Majesté Britannique : Sur les possessions & les droits respectifs des deux Couronnes en Amérique avec les actes publics & pièces justificatives. Tome second, contenant les Traités & Actes publics concernant l'Amérique en général, & les Pièces justificatives des Mémoires sur les limites de l'Acadie*, Paris, de l'Imprimerie Royale, 1755.

SQUIRES, W. Austin, « Pierre Maisonnat dit Baptiste », *Dictionnaire biographique du Canada* [En ligne], http://www.biographi.ca/fr/bio/maisonnat_pierre_2F.html (Consulté le 12 mai 2018).

ST-LOUIS, Caroline, *Regard du Massachusetts sur l'Acadie Le journal de Winthrop 1630-1649*, Tracadie, La Grande Marée, 2009, 149 p.

SURETTE-DRAPPER, Susan, *Retour en Acadie. Une promenade guidée de la vallée d'Annapolis*, s.l., Société Promotion Grand-Pré, 2004, 23 p.

TAILLEMITE, Étienne, « Claude-Sébastien de Villieu », *Dictionnaire biographique du Canada* [En ligne], http://www.biographi.ca/fr/bio/villieu_claude_sebastien_de_2F.html (Consulté le 19 mai 2018).

TAILLEMITE, Étienne, « Jacques-Pierre Taffanel de La Jonquière », *Dictionnaire biographique du Canada* [En ligne], http://www.biographi.ca/fr/bio/taffanel_de_la_jonquiere_jacques_pierre_de_3F.html (Consulté le 19 juin 2018).

TANGUAY, Cyprien, *Répertoire général du clergé canadien par ordre chronologique depuis la fondation de la colonie jusqu'à nos jours*, Québec, C. Darveau – imprimeur-éditeur, 1868, 321 p.

TOUPIN, Julie, *Redonner vie à une collection : Les terres cuites communes du fort La Tour*, Mémoire présenté à la Faculté des études supérieures de l'Université Laval, mars 2003, 119 p.

VACHON, André-Carl, *Les Acadiens déportés qui acceptèrent l'offre de Murray*, Tracadie, La Grande Marée, 2016, 320 p.

VACHON, André-Carl, *Les déportations des Acadiens et leur arrivée au Québec. 1755-1775*, Tracadie, La Grande Marée, 2014, 220 p.

VACHON, André-Carl, « Pisiguit, un village acadien, 1686-1755 », *Les Cahiers de la Société historique acadienne*, vol. 48, n° 2, juin 2017, p. 44-53.

VACHON, André-Carl, *Une petite Cadie en Martinique*, Tracadie, La Grande Marée, 2016, 137 p.

VANDERLINDEN, Jacques, *Le lieutenant civil et criminel. Mathieu de Goutin en Acadie française (1688-1710)*, Coll. « Mouvange », Moncton, Chaire d'études acadiennes de l'Université de Moncton, 2004, 468 p.

VANDERLINDEN, Jacques, *Regards d'un historien du droit sur l'Acadie des XVIIe et XVIIIe siècles*, Moncton, Institut d'études acadiennes, 2008, 331 p.

WADE, Mason, « Emmanuel Le Borgne », *Dictionnaire biographique du Canada* [En ligne], http://www.biographi.ca/009004-119.01-f.php?&id_nbr=413 (Consulté le 13 mars 2013).

WALLER, George M., « Samuel Vetch », *Dictionnaire biographique du Canada* [En ligne], http://www.biographi.ca/fr/bio/vetch_samuel_2F.html (Consulté le 21 mai 2018).

WHITE, Stephen A., « Dictionnaire généalogique des familles acadiennes. Ajouts et corrections », *Centre des études acadiennes Anselme-Chiasson* [En ligne], http://www.umoncton.ca/umcm-ceaac/files/umcm-ceaac/wf/wf/pdf/cor-dict.pdf (Consulté le 2 avril 2018).

WHITE, Stephen A., *Dictionnaire généalogique des familles acadiennes*, première partie, 1636 à 1714, tomes I (A à G) et II (H à Z), Moncton, Centre d'études acadiennes, 1999.

WHITE, Stephen A., *Dictionnaire généalogique des familles acadiennes*, deuxième partie, 1715 à 1780, notes manuscrites, Moncton, Centre d'études acadiennes, (en préparation).

WILSON, James Grant et John FISKE, *Appletons' Cyclopædia of American Biography*, vol. 2 (Crane-Grimshaw), New York, D. Appleton and Compagny, 1888, 768 p.

WILSON, James Grant et John FISKE, *Appletons' Cyclopædia of American Biography*, vol. 4 (Lodge-Pickens), New York, D. Appleton and Compagny, 1888, 768 p.

WILSON, James Grant et John FISKE, *Appletons' Cyclopædia of American Biography*, vol. 6 (Sunderland-Zurita), New York, D. Appleton and Compagny, 1889, 809 p.

Index des noms propres

A

Abbadie de Saint-Castin, Bernard-Anselme d' 108, 110, 111, 112, 141

Abbadie de Saint-Castin, Cécile d' 106

Abbadie de Saint-Castin, Jean-Vincent d' 70, 71, 72, 87, 91, 105, 106

Aernoutz, Jurriaen 72, 116

Alden, John 88, 90

Alden, William 90

Alexander, William 42, 43, 59

Allain, Louis 82, 91, 92, 105

Amours de Clignancour, René D' 76, 87

Amours, Mathieu D' 94

Andigné de Grandfontaine, Hector d' 67, 118

Aprendestiguy, Martin d' 70

Argall, Samuel 40, 59

Aubert, Thomas 34

Aucoin, Martin 50, 105

Aucoin, Michelle 50

Auger de Subercase, Daniel d' 109, 118

B

Babineau, Jean 91

Bajolet, Barbe 50

Basset, David 86

Bastarache, Jean 91

Baudry, François 46

Baudry, Perrine 46, 50

Bayon, Rose 66

Belliveau, Jean 91, 105

Bergier, Clerbaud 75

Bernard, Charles 50

Biard, Pierre 39, 40

Biencourt, Charles de 57

Biencourt de Poutrincourt et de Saint-Just, Jean de 17, 37, 39, 40, 57

Blanchard, Guillaume 91, 95

Blanchard, Jean 50, 105

Blanchard, Martin 91

Boudrot, Abraham 92

Boudrot, Michel 46, 50, 51, 52, 105

Bourg, Abraham 90

Bourg, Alexandre 90

Bourg, Antoine 50, 52

Bourg, Bernard 91

Bourg, Martin 91

Bourg, Perrine 50

Bourgeois, Charles 71

Bourgeois, Germain 92

Bourgeois, Jacques 50, 52, 53, 56, 71, 92

Brice, Madame de 50, 54

Brouillan, Jacques-François de Monbeton de 118

Broussard, François 91

Buade, Louis de (comte de Frontenac) 70, 72, 73, 89, 116

C

Cabot, John ou Jean 34, 40, 67

Caboto, Giovanni 34

Campagna, Jean 78

Cartier, Jacques 15, 34, 41

Casey (Caissie, Quessy, Kuessy), Roger 64, 78

Cavalier de La Salle, Robert 73

Cellier, Pierre 91

Cendre, Jean 46, 50

Chaline, Jean-Daniel 43

Chambly, Jacques de 72, 73, 118

Champlain, Samuel de 32, 35, 36, 37

Charles II 68, 69

Chartier de Lotbinière, Marie-Françoise 71, 74

Chartres, Léonard de 56

Chausson, Marie-Élisabeth 101

Chênet Dubreuil, Pierre 80, 83, 87

Church, Benjamin 92, 93, 106, 116

Cochu, Jacques 117

Colbert, Jean-Baptiste 66, 70

Comeau, Étienne 91

Comeau, Jean 91

Comeau, Jeanne 80

Comeau, Marie 95

Comeau, Pierre 66, 91

Comeau dit des Loups-Marins, Pierre 91

Comeau dit L'Esturgeon, Pierre 91

Corbineau, Françoise 50

Cormier, Robert 126

Corporon, Jean 91

Cottard, Robert 78

Couraud, Jacques 72

Cromwell, Oliver 62

Crowne, William 63

Cyr, Pierre 72

D

Denys, Marie 78

Denys, Nicolas 44, 45, 46, 47, 49, 54, 59, 62, 63, 68

Denys de Bonaventure, Simon-Pierre 89, 91, 105, 108, 109, 118

Denys de Fronsac, Richard 82

des Friches de Meneval, Louis-Alexandre 81, 118

Desjardins Saint-Val, Guillaume 48

Desportes, Pierre 45

Diéreville, sieur 19, 23, 24, 26, 97, 101

Doucet, Germain 50, 53, 55

Doucet, Laurent 90

Doucet, Pierre 52, 91

Duchesneau, Jacques 74

Dudley, Joseph 106, 107

Dugas, Abraham 52, 72, 105

Dugas, Anne 71

Dugas, Claude 91

Dugas, Marie 86

Du Gua de Mons, Pierre 35, 39, 57

Dupuis, Martin 91

E

Emes, Fleetwood 91, 116

F

Faneuil, André 92

Fardel, John 91

Fléché, Jessé 17, 39

Fontenu, sieur de 96, 97

Forest, Gereyt (Michel) de 64

Forest, René 90

Frontenac, Louis de Buade, comte de 70, 72, 73, 89, 116

G

Gaborit, Pierre 46

Gargas, Monsieur de 82

Gaudet, Bernard 90

Gaudet, Denis 50

Gaudet, Françoise 50

Gaudet, Jean 50

Gaudet, Marie 91

Gaudet, Pierre 91

Gauthier, Martine 50

Gautrot/Gaudreau, François 50, 52, 105

Geoffroy, Louis 82

Girouard, Alexandre 91

Girouard, Jacques dit Jacob 91

Godin dit Châtillon, Pierre 78

Gougeon, Huguette 95

Goutin, Mathieu de 83, 87, 95

Granger, Lawrence (Laurent) 64, 91

Gravé Du Pont 37

Grégoire XV (pape) 44

Guédry, Claude 90

Guérin, Jérôme 91

Guilbeau, Pierre 90

Guillaume III 85

Guyon, Andrée 50

Guyon, Louise 94

H

Harrison, Marke 56

Hébert, Emmanuel 91

Hébert, Étienne 80

Hébert, Louis 38, 39

Hébert, Marie 80

Henri IV 19, 98

Henri VI 35

J

Jacques 1er d'Angleterre et VI d'Écosse 42, 59

Jacques II 76, 116

Jacquelin, Françoise-Marie 48, 49

Jarouselle, Suzanne 78

Joybert de Soulanges et de Marson, Jacques de 70

Joybert de Soulanges et de Marson, Pierre de 68, 71, 72, 73, 74, 118

Joybert, Louise-Élisabeth de 74, 75

Juchereau, Geneviève 84

K

Kauder, Christian 28, 29

Kirke, David 41, 42

L

Labarre, Jean 78

Labat, Pierre-Paul de 105

Labat dit Le Marquis, Jean 90, 105

La Croix de Chevrières de Saint-Vallier, Jean-Baptiste de 76, 77

Lambert, Jean 126

Lambert, Radegonde 50

Landry, Antoinette 50

Landry, Cécile 74

Landry, Claude 91

Landry, Pierre 91

Landry, René 87

Lanoue, Pierre 90

La Ralde, Raymond de 41

Lasnier, André 28

Lasnier, Louis 28

La Tour, Charles de 26, 41, 43, 44, 47, 48, 49, 57, 63, 66, 118

La Tour, Claude de 41, 42

La Tour, Jacques de 104

La Tour, Jeanne 28

La Tour, Marie de 105

La Tourasse, Charles 87, 90

Launay-Razilly, Claude de 45, 46

Laval, Mgr de 72, 76

LeBlanc, Daniel 52, 87, 91

LeBlanc, Pierre 107

Le Borgne, Emmanuel 53, 54, 55, 56, 65, 90, 118

Le Borgne de Belle-Isle, Alexandre 65, 66, 67, 68, 72, 74, 82, 87, 96, 104, 105, 118

Leclercq, Chrestien 28

Le Creux, Nicolas 45, 47

Le Gardeur, Charles 84

Le Gardeur, Charlotte-Françoise 84

Léger dit La Rosette, Jacques 91

Lejeune, Catherine 50, 100

Lejeune, Edmée 50

Le Moyne d'Iberville, Pierre 91, 92

Leneuf de La Vallière et de Beaubassin, Michel 71, 73, 74, 75, 78, 95, 103, 118

Le Poupet de La Boularderie, Louis-Simon 111

Lescarbot, Marc 38, 41

Leverett, John 55, 63, 118

Lomeron, David 42

Lord, Julien 90

Loreau, Jeanne-Angélique 105

Louis XIII 43

Louis XIV 68, 76, 103, 112, 116

M

Madokawando 70

Maillard, Pierre 28

Maisonnat dit Baptiste, Pierre 91

March, John 109, 110, 111

Martin, Mathieu 52, 82, 83, 90

Martin, Pierre 50, 52, 83, 91

Martin, Robert 56

Massé, Énemond 39, 40

Melanson, Charles 86, 90

Melanson, John 65

Melanson, Marie 86

Melanson, Pierre 74, 75

Melanson dit de La Verdure, Pierre 65

Membertou 17, 18, 19, 39

Meneux dit Châteauneuf, Monsieur 106

Meneval, Louis-Alexandre des Friches de 81, 82, 85, 86, 87, 88, 89, 118

Menou d'Aulnay, Charles de 44, 46, 47, 48, 49, 51, 53, 54, 57, 65

Menou, Marie de 46

Mercier, Monsieur 50

Mercier dit Caudebec, Pierre 78

Meulles, Jacques de 75, 76

Mignot dit Châtillon, Jean-Aubin 78

Minguet, Barbe 50

Mirande dit Tavare, Emmanuel 78

Mius d'Entremont, Marguerite 74

Mius d'Entremont, Philippe 52, 53, 54

Moireau, Claude 64, 80

Molin, Laurent 68

Monbeton de Brouillan, Jacques-François de 101, 102, 106, 107, 108, 118

Morillon Du Bourg, Monsieur 66, 67

Morpain, Pierre 109, 112

Morse, Richard 56

Motin, Anne 125

Motin, Jeanne 46, 53

N

Nelson, John 68, 90

Nicholson, Francis 112, 113, 114

P

Pajot, Claude 122

Paris, François-Marie de 48

Pasquine, Monsieur 83

Pellerin, Étienne 91

Pellerin, François 78

Pelletret, Simon 50, 105

Perrot, François-Marie 75, 81, 118

Pesseley, Isaac 50

Peters, John (Jean Pitre) 64

Petit, Louis 52, 76, 80, 86, 87

Petitot, Denis 90

Petitpas, Claude 90

Philippe V 103

Phips, William 62, 85, 86, 87, 88, 89, 90, 91, 106, 116

Plessis, Armand Jean du (cardinal Richelieu) 43, 45, 46

Pons, Antoinette de (marquise de Guercheville) 39

Prault, Pierre 46

Provost, Jehan 46

R

Randin, Monsieur 68, 69

Rau, Perrine 50

Razilly, Isaac de 44, 45, 46, 47, 57

Richard, Alexandre 90

Richard, Martin 91

Rigaud de Vaudreuil, Philippe de 74, 75, 103, 109

Rigaud de Vaudreuil, Pierre de 74

Rivet, Étienne 95

Robichaud, Charles 91, 105

Robichaud, Prudent 90

Robin, François 91

Robinau de Neuvillette, Daniel 93

Robinau de Villebon, Joseph 88, 89, 90, 91, 93, 94, 101, 116, 118

S

Saccardy, Vincent 83, 84, 88, 89

Saint-Étienne de La Tour, Charles 26, 41, 42, 43, 47, 48, 49, 54, 57, 63, 66, 118

Saint-Étienne de La Tour, Claude 41, 42

Salazar, Jeanne de 41

Salem, Robert 56

Sallé, Marie 50

Savalet, capitaine 41

Savoie, François 100

Savoie, Germain 91

Savoie, Jean-Claude 100

Sedgwick, Robert 54, 55, 56, 62, 63, 119

Short, Richard 91

Sibilau, Pierre 91

Soulègre, Monsieur de 83

Southack, Cyprian 88

Stoughton, William 86, 92

Stuart, Anne d'Angleterre 104, 112

Subercase, Daniel d'Auger de 109, 110, 111, 112, 113, 114, 115, 118

T

Talon, Jean 66, 70, 71

Temple, Thomas 63, 66, 67, 68, 116, 118

Thériot, Bonaventure 91

Thériot, Claude 52, 91

Thériot, Jean 50

Thériot, Jeanne 94, 100

Thériot, Pierre 74, 75

Thibodeau, Antoine 95

Thibodeau, Jean 95

Thibodeau, Michel 95

Thibodeau, Pierre 94, 95, 100

Thomas, Jean 47

Thury, Louis-Pierre 82, 95

Trahan, Guillaume 50, 55, 56, 105

Trahan, Jeanne 50, 93

Triel dit Laperrière, Jacques 91

Trouvé, Claude 87, 107

Tyng, Edward 90, 118

V

Verrazano, Giovanni da 34

Vetch, Samuel 112, 113

Vigneau, Catherine 50, 83

Villieu, Claude-Sébastien de 101, 105, 106, 116, 118

W

Winthrop, John 48, 49, 54

Du même auteur

- *Histoire de l'Acadie de la fondation aux déportations, tome 2 • 1710-1763*, Tracadie, La Grande Marée, 2019.

- *Raconte-moi la Déportation des Acadiens*, Montréal, Le petit homme, 2019.

- *Une petite Cadie en Martinique*, Tracadie, La Grande Marée, 2016.

- *Les Acadiens déportés qui acceptèrent l'offre de Murray*, Tracadie, La Grande Marée, 2016 (Préface de Bernard Landry, ex-premier ministre du Québec).

- *Les déportations des Acadiens et leur arrivée au Québec. 1755-1775*, Tracadie, La Grande Marée, 2014.

- *L'histoire de la famille acadienne des Lejeune dit Briard*, Sainte-Adèle, Klemt édition, 2014.

(Collectifs)

- « **Family of Marcel Lejeune, Acadian, and Francoise Dubroca, African-American** », dans *West Baton Rouge Families Sequel*, Volume III, Port Allen, Louisiana, West Baton Rouge Genealogical Society, 2016.

- « **Les migrations des Acadiens au Québec – de 1755 à aujourd'hui** », dans *L'Acadie d'hier et d'aujourd'hui. L'histoire d'un peuple*, sous la direction de Phil Comeau, de Warren Perrin et de Mary Broussard Perrin, Andrepont Publishing/La Grande Marée, 2014.

www.ingramcontent.com/pod-product-compliance
Lightning Source LLC
Chambersburg PA
CBHW060921170426
43191CB00024B/2448